# Rätsel für Erwachsene und kreative Denker die das Besondere suchen

## hochwertig, neu, einzigartig – für kluge Köpfe mit dem gewissen Anspruch

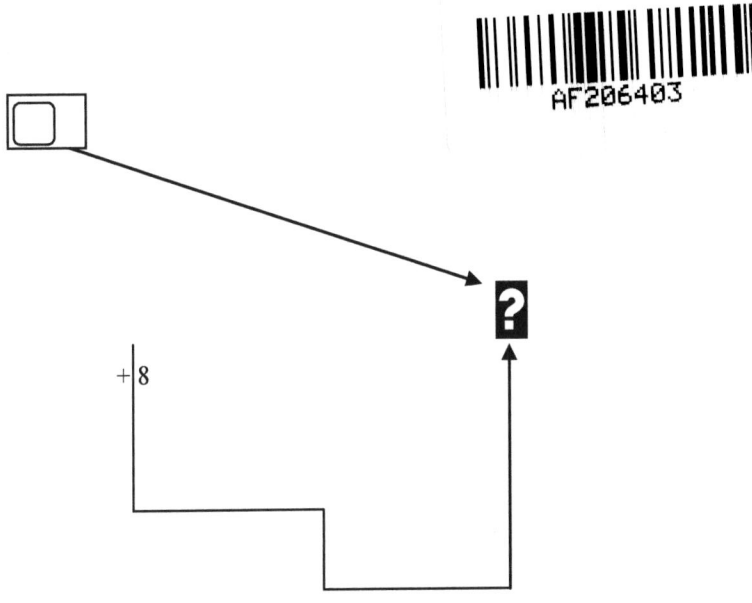

Die Rätsel in diesem Buch bilden eine elegante Einheit. Ein komplexes und gigantisches Rätsel welches es zu lösen gilt. Schritt für Schritt erarbeiten Sie sich Hinweise für die Lösung der 5 Säulen.

Diese sind nur eine Zwischenstufe auf dem Weg zur Dechiffrierung des großen Codes in diesem Buch.

Haben Sie das geschafft und lösen das nächste Buchstabenrätsel richtig, dann erfahren Sie endlich die zentrale Aufgabe des Buches.

Können Sie diese lösen?

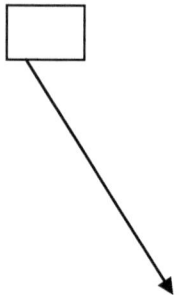

Lesen Sie alle Texte genau und lesen Sie auch alle Rätsel des ersten Teils aufmerksam durch. Denn gerade die Aufgaben bieten Hinweise für Lösungsansätze und Strategien.

# Carsten Richter

## Rätsel für Erwachsene und kreative Denker die das Besondere suchen

**hochwertig, neu, einzigartig –
für kluge Köpfe mit dem gewissen Anspruch**

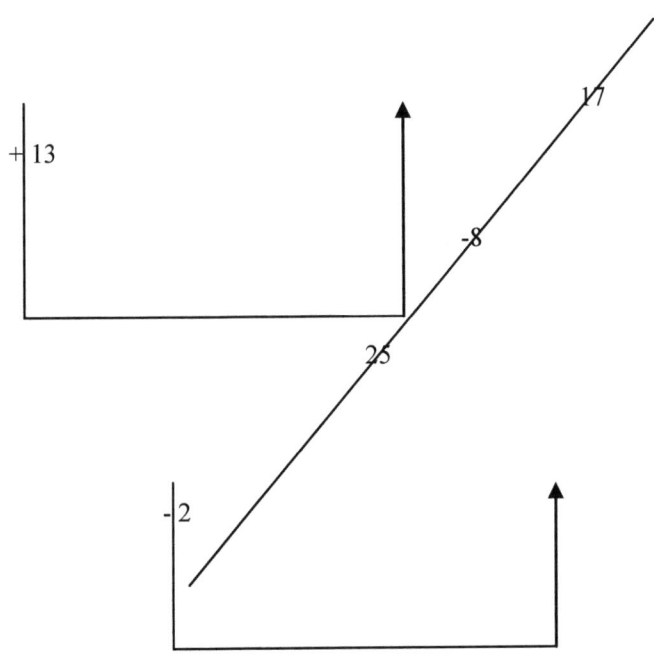

Carsten Richter

Die Deutsche Nationalbibliothek verzeichnet diese Publikation in der Deutschen Nationalbibliografie; detaillierte bibliografische Daten sind im Internet über http://dnb.dnb.de abrufbar.

Illustration: Carsten Richter

Herstellung und Verlag: BoD – Books on Demand, Norderstedt

ISBN: 9-783-744-868-754

# Inhaltsverzeichnis:

$+ \, 3$

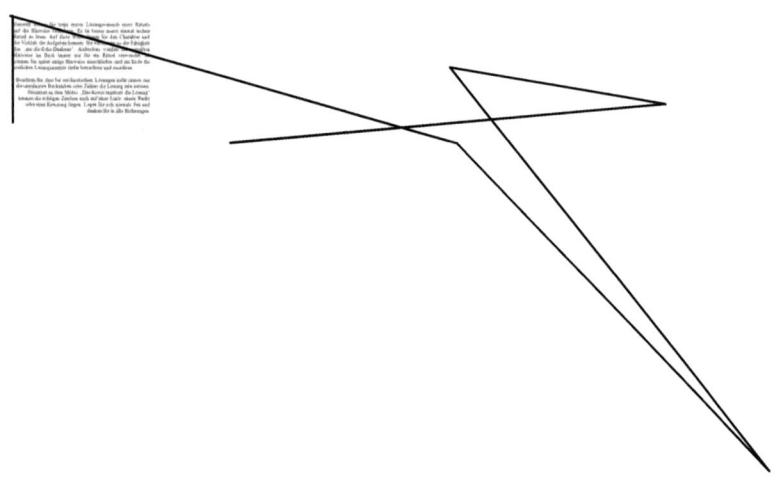

## Erläuterungen

Es erwartet Sie eine Zusammenstellung von schwierigen Rätseln, welche tief ineinander verflochten sind. Um mit den Rätseln richtig arbeiten zu können erhalten Sie vorab einige wichtige Hinweise.

Der erste Teil ist der umfangreichste Bereich.

Es gilt: Finden Sie die richtige Zusammenstellung der 5 Säulen! Jede Säule bildet einen Begriff/Namen, eine Zahl, eine römische Zahl, eine Figur und ein chemisches Element ab. Ihre Aufgabe besteht in der Zuordnung aller Eigenschaften. Mit dem Auflösen der Rätsel erfahren Sie den Bezug der einzelnen Merkmale.
Um diese Bezüge richtig zu deuten lesen Sie bitte folgende Hinweise:

1. „=“ Dieses Zeichen sagt aus, dass beide Symbole auf derselben Säule sind. Bildet ein Rätsel zum Beispiel „XI“, „○“ und das „=“ ab, dann gehören beide Inschriften auf eine Säule.
2. Zeichen können auch auf direkt benachbarten Säulen (z.B. Rätsel 12) liegen. Hierzu ist eine Darstellung wie: ▒ | ▒ zu erkennen. Wenn Sie diese Abbildung: ▒ | | ▒ sehen, dann liegt die benachbarte Eigenschaft nicht unmittelbar daneben, sondern es befindet sich eine Säule dazwischen.
3. Achten Sie darauf, ob ein Rätsel zusätzlich Angaben für „links daneben“ oder „rechts daneben“ aufweist. Wenn dazu keine Angaben sind, dann ergibt sich dies aus der späteren Zusammenstellung der Rätsel. In diesem gängigen Fall sind die Symbole einfach auf Nachbarsäulen (siehe Punkt 2).
4. Angaben über benachbarte Symbole und eventuelle Richtungshinweise sind teilweise recht abstrakt. Denken Sie in viele Richtungen. Die Abbildungen bei 2. sind demnach nur Beispiele. Seien Sie auf Verschiedenes gefasst.

Jedes Rätsel wird mit einer dicken Linie abgeschlossen. Darunter befinden sich Hinweise, welche Sie bei der Lösung unterstützen können. Nutzen Sie diese nur im Notfall. Außerdem wird vor der Lösung eine Lösungsprüfung angeboten. Testen Sie damit Ihr Ergebnis auf Richtigkeit. Wenn Sie falsch liegen, dann können Sie unbefangen weiter knobeln.

Danach folgt der zweite Teil.

Setzen Sie die Rätselbausteine richtig zusammen. Wenn Sie keine Erfahrung mit solchen Logicals haben, dann werden Sie sich vielleicht schwer tun. Etwas Übung dazu kann helfen. Ein Klassiker hierfür ist „Einsteins Rätsel", welches Sie problemlos im Internet finden.
Erschwerend ist, dass die Rätsel nicht in der Lösungsreihenfolge verwendet werden können. Sie müssen die Hinweise also selbst sortieren. Gehen Sie dafür systematisch vor. Im Lösungsbereich erhalten Sie vor der Auflösung noch eine Reihe von Hinweisen.

Im Anschluss der letzte Teil.

Sie sehen ein großes Buchstabenfeld. Die gelösten Säulen und die Coderätsel benötigen Sie zum Dechiffrieren. Wenn Sie dies erfolgreich umgesetzt haben werden Sie die große Rätselfrage erkennen. Es ist die Frage, um welche es in diesem Buch geht. Finden Sie die Antwort mit Wissen und Raffinesse.

Wichtig für die Aufgaben ist der Umgang mit römischen Zahlen und dem Binärcode.
Die Darstellung römischer Zahlen ist bekannt und leicht zu recherchieren. Daher wird auf eine Erläuterung verzichtet. Der Binärcode ist hingegen etwas komplizierter und wird auf den folgenden beiden Seiten erläutert.

## Binärcode

Sie kennen den Code aus der Computersprache. Er besteht aus Einsen und Nullen. Mit dem Binärcode können alle Zahlenwerte dargestellt werden. Am einfachsten lässt er sich an einem Beispiel erklären.

Zur Übung den Code 1101.

Sie beginnen von hinten und rechnen:

**2** (für 2 Varianten im Binärcode)

**Hoch Null** (letzte Stelle im Code ist immer hoch Null)

**= 1** (Ein beliebiger Wert hoch Null ist immer 1)

**Ergebnis 1** multiplizieren Sie mit eins aus dem Code. (Die letzt Stelle der Zahlenfolge)

> Sie erhalten 1 und notieren diese Zahl.

Weiter mit der vorletzten Zahl 0:

Sie rechnen:

2 hoch 1 = 2

2 x 0 = **0**

> Sie erhalten 0 und notieren diese Zahl.

Weiter mit der drittletzten Zahl 1:

2 hoch 2 = 4

4 x 1 = **4**

> Sie erhalten 4 und notieren diese Zahl.

Weiter mit der ersten Zahl 1:

2 hoch 3 = 8

8 x 1 = **8**

> Sie erhalten 8 und notieren diese Zahl.

Nun addieren Sie alle Einzelziffern und erhalten 13, was das Ergebnis ist. Zum veranschaulichen noch einmal folgende Tabelle („^" steht für Potenz, 4^3 bedeutet $4^3$):

| | 1 | 0 | 0 | 1 | 0 |
|---|---|---|---|---|---|
| | 2^4 | 2^3 | 2^2 | 2^1 | 2^0 |
| Ergebnis: | 16 | 8 | 4 | 2 | 1 |
| Rechne: | 16x1 | 8x0 | 4x0 | 2x1 | 1x0 |
| Wert: | 16 | 0 | 0 | 2 | 0 |

Addition: 18

| | 1 | 0 | 1 | 1 | 1 |
|---|---|---|---|---|---|
| | 2^4 | 2^3 | 2^2 | 2^1 | 2^0 |
| Ergebnis: | 16 | 8 | 4 | 2 | 1 |
| Rechne: | 16x1 | 8x0 | 4x1 | 2x1 | 1x1 |
| Wert: | 16 | 0 | 4 | 2 | 1 |

Addition: 23

### *Allgemeiner Hinweis:*

Wenn Sie ein Rätsel nicht bewältigen können oder sich verwirrt fühlen, dann überspringen Sie es zunächst. Im Verlauf des Buches verbessern und verändern Sie Ihre Sicht auf die Aufgaben. Sie lernen einfach „mehr" zu sehen.

**Beachten Sie abschließend:**

1. Rätselbestandteile sind überall im Buch, außer in den Tipps und dem Lösungsteil, und auf dem Cover verteilt. Haben Sie auch den Teil unter dem Hilfskomplex der Rätsel immer im Blick.

2. Das Buch muss nie gedreht werden. Alle Lösungen und Zwischenschritte sind in normaler Form les- und verwendbar.

3. Jeder Hinweis gilt für maximal ein Rätsel.

4. Jedes Rätsel schließt mit einer durchgehenden Linie ab. Darunter befinden sich die Hinweise zur Lösung und die Ergebnisprüfung. Decken Sie diesen Bereich sorgfältig ab.

# Rätsel 1

Generell sollten Sie beim ersten Lösungsversuch eines Rätsels auf die Hinweise verzichten. Es ist besser zuerst einmal andere Rätsel zu lösen. Auf diese Weise lernen Sie den Charakter und die Vielfalt der Aufgaben kennen. Sie verbessern so die Fähigkeit des „um-die-Ecke-Denkens". Außerdem werden die verteilten Hinweise im Buch immer nur für ein Rätsel verwendet. So können Sie später einige Hinweise ausschließen und am Ende die restlichen Lösungsansätze tiefer betrachten und zuordnen.

Beachten Sie, dass bei zeichnerischen Lösungen nicht immer nur die umrahmten Buchstaben oder Zahlen die Lösung sein müssen. Orientiert an dem Motto: „Das Kreuz markiert die Lösung" können die richtigen Zeichen auch auf einer Ecke, einem Punkt oder einer Kreuzung liegen. Legen Sie sich niemals fest und denken Sie in alle Richtungen.

| |
|---|
| 1. Der Textinhalt ist generell zu beachten. |
| 2. An der Linie müssen Sie etwas ansetzen. |
| 3. Das Buch zeigt die Lösung. |
| 4. Die erste Zeile ist eingerückt. So deuten Sie die erste Ecke nicht falsch. |
| 5. beachten Sie die Eckpunkte der gezogenen Linien. |
| Prüfung: Das Wort hat 5 Buchstaben und 2 Selbstlaute. |
| Die Lösung befindet sich auf Seite 71. |

Die Autofahrt von Duisburg nach Siegen dauert fast 2 Stunden. Etwas kürzer hingegen ist die Fahrt von Dortmund nach Bonn. Zumindest ist das laut Routenplaner so. Tatsächlich ist viel vom Verkehr abhängig. So dauert die Autofahrt von Braunschweig nach Nordhausen fast immer länger als die vorgegebene Zeit. Etwa 4 Stunden benötigen Sie für die lange Strecke von Oldenburg nach Marburg. Wenn Sie von Marburg weiter in Richtung Eisenach fahren benötigen Sie nochmals eine Stunde und 45 Minuten. Fast zweieinhalb Stunden dauert die Autofahrt, wenn Sie gut durchkommen, von Magdeburg nach Weimar. Entspannte 2 Stunden erwarten Sie auf der Strecke von Dessau nach Zwickau. Die Lösungen in diesem Rätsel befinden sich auf 2 benachbarten Säulen.

Eine zusätzliche Herausforderung des Buches besteht darin, dass Sie bei den Rätseln meistens nicht wissen was gesucht ist. Es kann eine geometrische Figur sein. Es kann sich aber auch um Worte oder Zahlen handeln. Für dieses Rätsel bekommen Sie folgenden Tipp: Die Lösung wird in Buchstaben dargestellt.

| 1. Worum geht es im Text hauptsächlich? |
| --- |
| 2. Nehmen Sie eine Deutschlandkarte als Hilfe. |
| 3. Eine römische Zahl ist gesucht. |
| 4. Schauen Sie die Lage der Städte an. |
| 5. Verbinden Sie die Städte sinnvoll. |
| Prüfung: Die Quersumme ist 7. |

Die Lösung befindet sich auf Seite 71 im unteren Bereich. Achtung: Im mittleren Teile der Seite ist die grafische Lösung des ersten Teils.

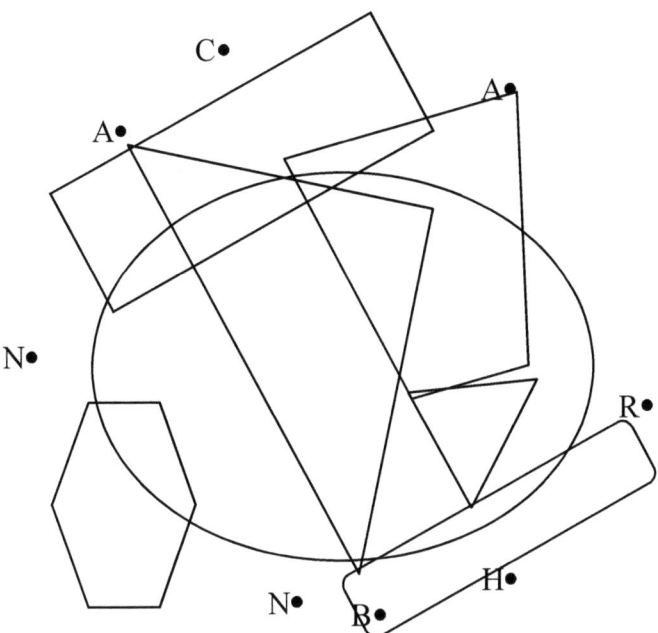

| |
|---|
| 1. Finden Sie das Lösungswort. |
| 2. Paarweise führen die richtigen Buchstaben zur Lösung. |
| 3. Denken Sie über die unscheinbare Linie rechts oben nach. |
| 4. Eine Figur ist gesucht. |
| 5. Verbinden Sie die richtigen Buchstaben mit einer Linie. |
| Prüfung: Die Lösungsfigur hat 8 Buchstaben mit 2 Selbstlauten. |

Die Lösung ist auf Seite 72. Achtung: Ab der zweiten Hälfte ist die grafische Lösung des zweiten Teils zu sehen.

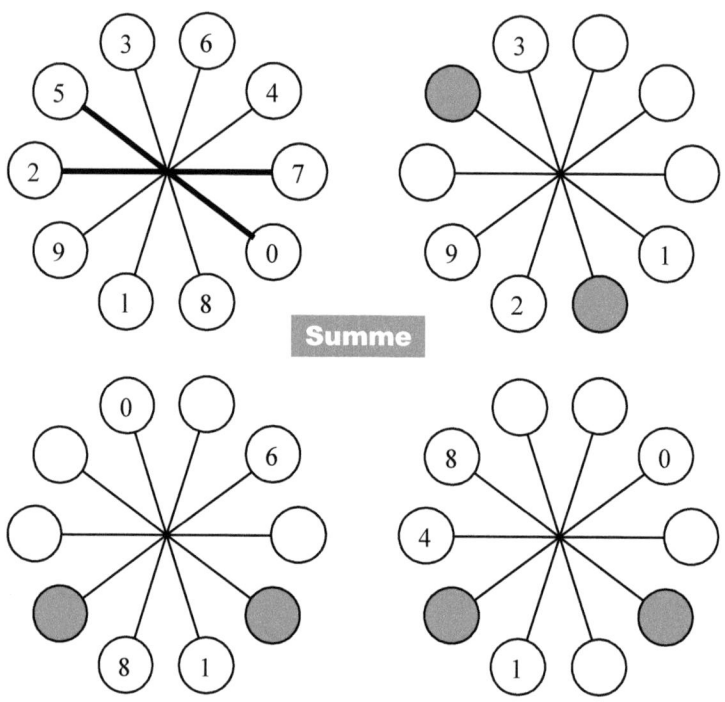

**Summe**

| |
|---|
| 1. Die Zahlen 0-9 müssen verteilt werden. |
| 2. Die dicken Linien zeigen die Regeln. |
| 3. Die Summe der Nachbarzahlen ist gleich… |
| 4. … der Summe der gegenüberliegenden Nachbarzahlen. |
| 5. In der Mitte steht was zu tun ist. |
| Prüfung: Die Quersumme ist 4. |

Die Lösung ist auf Seite 72. Achtung: In der ersten Hälfte ist die grafische Lösung des ersten Teils zu sehen.

Halbieren Sie die Summe aus drei Zahlen und Sie errechnen eine Primzahl.

Eine dieser drei Zahlen beträgt ein Drittel des Sechsfachen von einem der anderen Summanden. Der dritte Summand liegt zwischen den beiden anderen Summanden auf dem Zahlenstrahl. Teilt man den Vorgänger der Summe des größten und des kleinsten Summanden durch zwei, dann erhält man diesen dritten Summanden.

Bedenken Sie, dass das Ergebnis eine Primzahl sein muss. Außerdem ist der Nachfolger des kleinsten Summanden der Vorgänger des zweithöchsten Summanden.

Wenn Sie diese Zahl ermittelt haben kennen Sie einen Teil des Rätsels. Es handelt sich um die Zahleninschrift der Nachbarsäule. Die andere Säule weist eine geometrische Figur auf. Die Schritte zur Lösung des Figurenrätsels müssen Sie jedoch erst einmal erkennen.

| 1. Die Primzahl ist die Lösung. |
| 2. Die Aufgabe hat 3 Summanden (A, B und C). |
| 3. 3A=6B. |
| Prüfung: Die Quersumme des Quadrates Ihres Ergebnisses ist 4. |

Die Lösung ist auf Seite 72 im unteren Viertel. Achtung: Darüber sind die grafischen Lösungen des vorigen Rätsels.

36  3  3 = 9

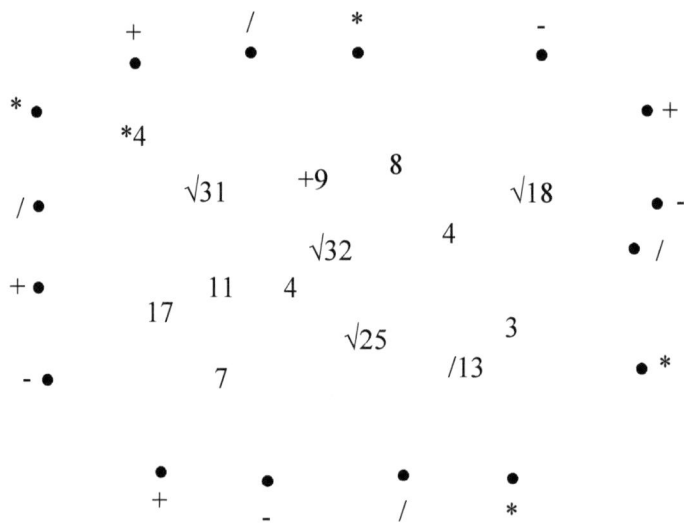

| 1. Setzen Sie die richtigen Rechenzeichen. |
| --- |
| 2. Ziehen Sie 4 Linien. |
| 3. Verbinden Sie die gegenüberliegenden Zeichen richtig. |
| 4. Die Zahlen beschreiben eine Figur. |
| 5. SSS. |
| Prüfung: Die Summe der ersten beiden Buchstaben des Wortes ist 22. |

Die Lösung ist auf Seite 73. Achtung: Im unteren Drittel der Seite sehen Sie eine Grafik des vierten Rätsels.

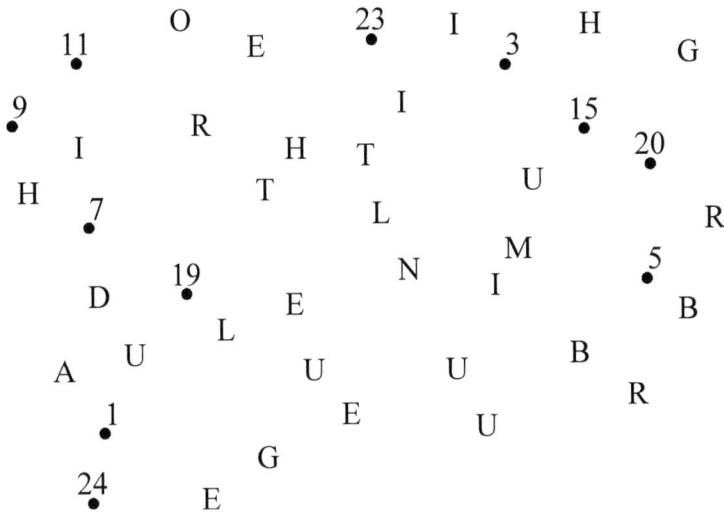

1. Jede Zahl hat ein bis zwei Partner.
2. Um die Partner zu finden müssen Sie addieren.
3. Schauen Sie die Seite genau an.
4. Zeichnen Sie 8 Linien.
5. Achten Sie auf die Kreuzungen.
Prüfung: Das Wort hat 7 Buchstaben und 3 Selbstlaute.

Die Lösung beginnt auf Seite 73 im unteren Drittel und endet auf Seite 74 im oberen Drittel. Achtung: Vor dem Lösungsbereich auf Seite 73 und nach dem Lösungsbereich der Seite 74 sind Grafiken der Lösungen anderer Rätsel zu sehen.

Es wird eine römische Zahl gesucht. Außerdem sollen Sie noch

einen Hinweis für die Rätsel erhalten. Da Lösungsbuchstaben

nicht immer in der richtigen Reihenfolge stehen, muss bei

manchen Rätseln das Wort erst noch gefunden werden. Da es sich

teilweise um ungewöhnliche Namen handelt kann sich diese

Aufgabe als schwere Hürde erweisen. Wenn Sie auf die Lösungen und Hinweise trotzdem verzichten wollen, dann gehen Sie in so einem Fall erst einmal zum nächsten Rätsel über. Fast alle Figuren, Wörter und Zahlen sind in 2 Rätseln vorhanden. So finden Sie das entsprechende Wort vielleicht in einem anderen Rätsel besser. Wenn Ihnen das gelingt, dann fällt Ihnen das Sortieren leichter da Sie eine Auswahl an Lösungsworten haben.

| |
|---|
| 1. Lesen Sie zwischen den Zeilen. |
| 2. Sind die Leerzeilen sinnvoll? |
| 3. „I" ist die kleinste römische Zahl. |
| 4. Die Zeilenabstände stehen für etwas. |
| Prüfung: Die Quersumme ist 7. |

Die Lösung beginnt auf Seite 73 im unteren Drittel und endet auf Seite 74 im oberen Drittel. Achtung: Vor dem Lösungsbereich auf Seite 73 und nach dem Lösungsbereich der Seite 74 sind Grafiken der Lösungen anderer Rätsel zu sehen.

# Rätsel 5

Auch in diesem Rätsel werden zwei Inschriften der Säulen besChrieben. Die Elemente in dieser Aufgabe haben jedoch die seltene Besonderheit, dass es eine präzise Richtungsangabe gibt. Die Richtungsangaben beziehen sich immer auf die Sicht des Lesers. Das Säulenelement dieses Textes liegt links neben der Säule mit dem chemischen Element aus dem zweiten Teil des Rätsels. Beachten Sie, dass Sie immer davon ausgehen müssen, dass es sich um direkte Nachbarn handelt. Sollten eine oder mehrere Säulen zwischen den beiden Elementen des Rätsels liegen, dann werden Sie eindeutig darauf hingewiesen. In diesem ersten Teil müssen Sie die richtige geometrische Figur finden. Manche Rätsel benötigen Hinweise welche irgendwo anders im Buch versteckt sind. Es ist nicht immer eindeutig zu erkennen welcher Hinweis zu welchem Rätsel gehört. Das erfahren Sie erst sicher in den Lösungen. Anstatt die Lösungen zu nutzen sollten Sie allerdings nicht lösbare Rätsel erst einmal üBerspringen. Erst im NAchhinein werden Sie so manche Lösungen noch entdecken. Die wichtigsten Tugenden sind dabei Geduld und Scharfsinn.

| |
|---|
| 1. Eine geometrische Figur ist gesucht. |
| 2. Der Text hat Auffälligkeiten. |
| 3. Es gibt seltsame Rechtschreibfehler. |
| 4. Geometrische Figuren haben Beschriftungen. |
| 5. Die Lösung ist zeichnerisch. |
| Prüfung: Die Figur hat einen rechten Winkel. |

Die Lösung ist auf Seite 74 und beginnt im zweiten Drittel. Achtung: Bearbeiten Sie erst den zweiten Teil des Rätsels und schauen Sie vorher nicht in die Lösung. Eine Grafik zeigt die Lösung des zweiten Teils.

|  |  | M |  | N |  |  |  | E |  |
|---|---|---|---|---|---|---|---|---|---|
| 3 | 5 | 8 | 4 | 9 | 15 | _ | _ | _ | U |

|  | L |  | A | E |  | G | A |  |  |
|---|---|---|---|---|---|---|---|---|---|
| 2 | 3 | 5 | _ | _ | 13 | _ | 19 | _ |  |

|  | M | M |  |  |  |  |  | R |  |
|---|---|---|---|---|---|---|---|---|---|
|  |  |  | O | L |  |  |  |  |  |
| -1 | 2 | 5 | 4 | _ | -5 | -6 | 12 | _ |  |

M    G    R

I    M    B    M    G

L    U

I    B    O    I    B    M

R

---

1. Vervollständigen Sie die Zahlenfolgen.
2. Rechenzeichen, Art von Zahlen, Rechenaufgabe
3. Im Buch wird gezeigt was zu tun ist.
4. 3 Zahlen werden für die Lösung gebraucht.
5. Eine Linie mit drei Zahlen markiert die richtigen Buchstaben.
Prüfung: Die Lösung hat 7 Buchstaben und 3 Selbstlaute.

Die Lösung ist auf Seite 74 und ein kleiner Teil im oberen Bereich auf Seite 75. Decken Sie den Rest der Seite 75 ab. Es werden einige Lösungsgrafiken von anderen Rätseln gezeigt.

# Rätsel 6

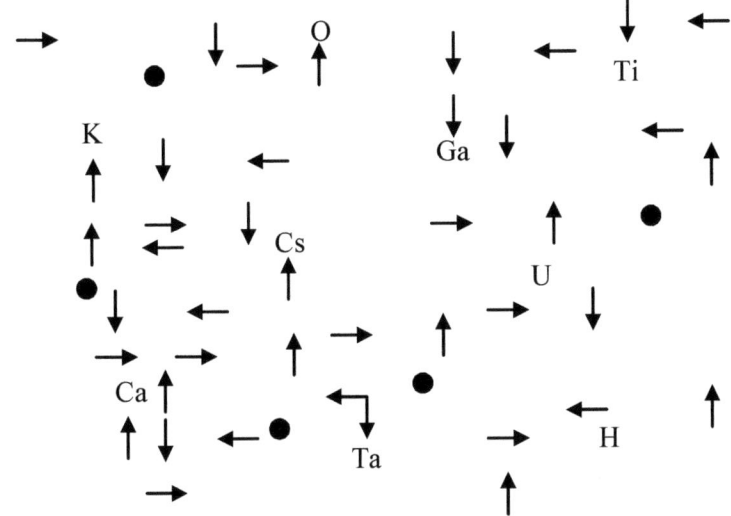

| 1. Beginnen Sie beim richtigen Pfeil. |
| 2. Die schwarzen Punkte weisen den richtigen Weg. |
| 3. Das Buch zeigt den richtigen Ansatz. |
| 4. Ein besonderer Pfeil deutet auf den Anfang. |
| 5. Schauen Sie auf das Cover. |
| Prüfung: Das Wort hat 7 Buchstaben und 3 Selbstlaute. |

Die Lösung befindet sich auf Seite 75. Achtung: Die Lösung des zweiten Teils befindet sich ebenfalls auf Seite 75 und zeigt eine Grafik.

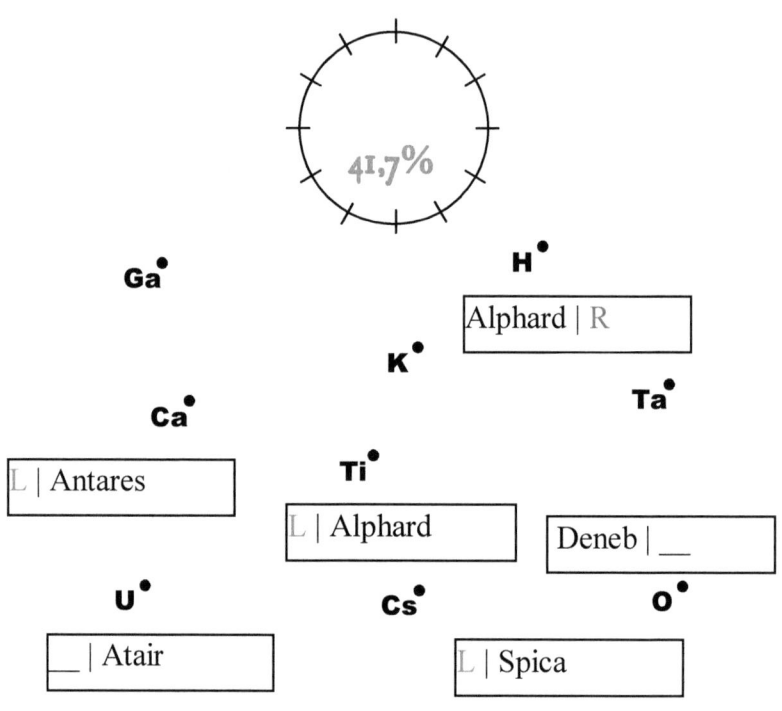

41,7%

Ga

H

Alphard | R

K

Ca

Ta

L | Antares

Ti

L | Alphard

Deneb | __

U

Cs

O

__ | Atair

L | Spica

| |
| --- |
| 1. Das richtige Element kennen Sie bereits. |
| 2. Die Prozentzahl verweist auf eine Position. |
| 3. Der Kreis hat 12 Teile wie eine … . |
| 4. … analoge Uhr. |
| 5. Von einem der Punkte wird eine Linie gezeichnet. |
| Prüfung: Das Wort hat 7 Buchstaben und 2 Selbstlaute. |

Die Lösung befindet sich auf Seite 75 im unteren Drittel. Achtung: Die Lösung des ersten Teils befindet sich ebenfalls auf Seite 75 und zeigt eine Grafik. Diese Grafik liegt im mittleren Drittel der Seite.

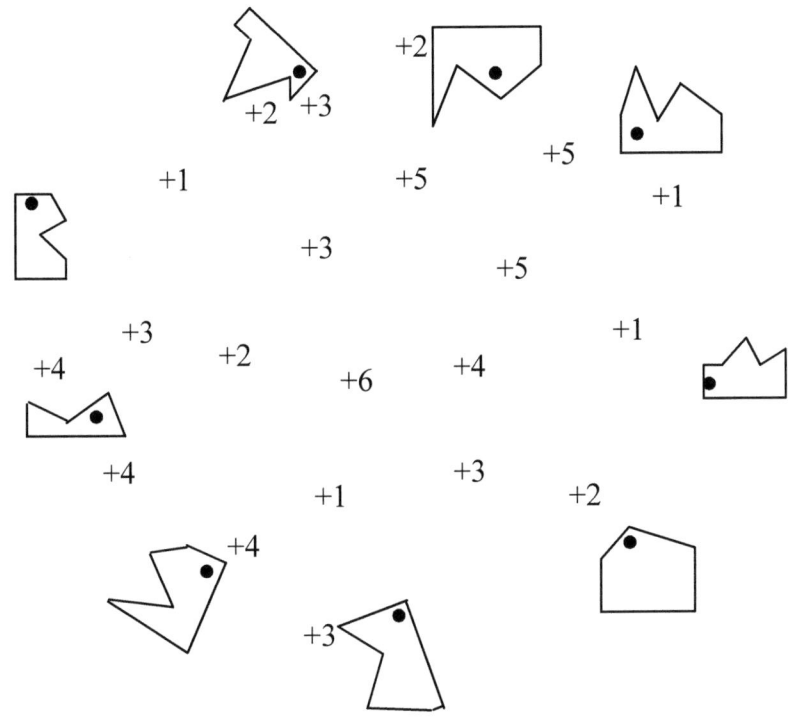

1. Finden Sie die 2 Paare.
2. Zeichnen Sie ein Kreuz.
3. Das Kreuz haben Sie schon einmal gesehen.
4. Fügen Sie eine Figur hinzu.
5. Errechnen Sie die Lösungszahl mit den richtigen Ziffern.
Prüfung: Die Quersumme ist 11.

Die Lösung beider Teile ist auf Seite 76. Achtung: Der zweite Teil ist mit einer Grafik direkt unter der Lösung des ersten Teils abgebildet.

# Nachbarsäule

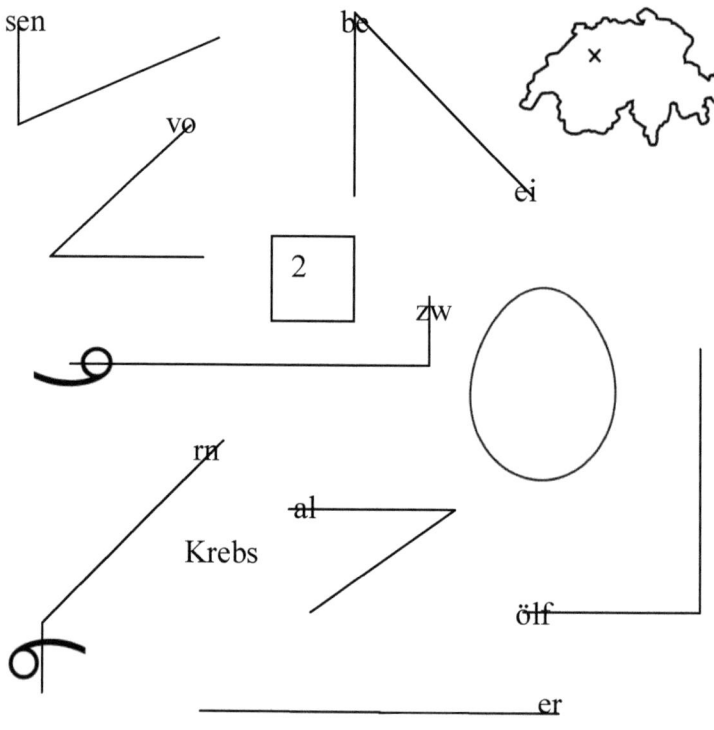

| |
|---|
| 1. Setzen Sie die Figur zusammen. |
| 2. Es gibt 4 Darstellungen als Hinweis. |
| 3. Eine Hauptstadt |
| 4. Ein Nahrungsmittel |
| 5. Ein Sternzeichen |
| Prüfung: Die Figur hat 5 äußere Ecken. |

Die Lösung beider Teile ist auf Seite 76. Achtung: Der erste Teil ist mit einer Grafik direkt über der Lösung des zweiten Teils abgebildet.

# Rätsel 8

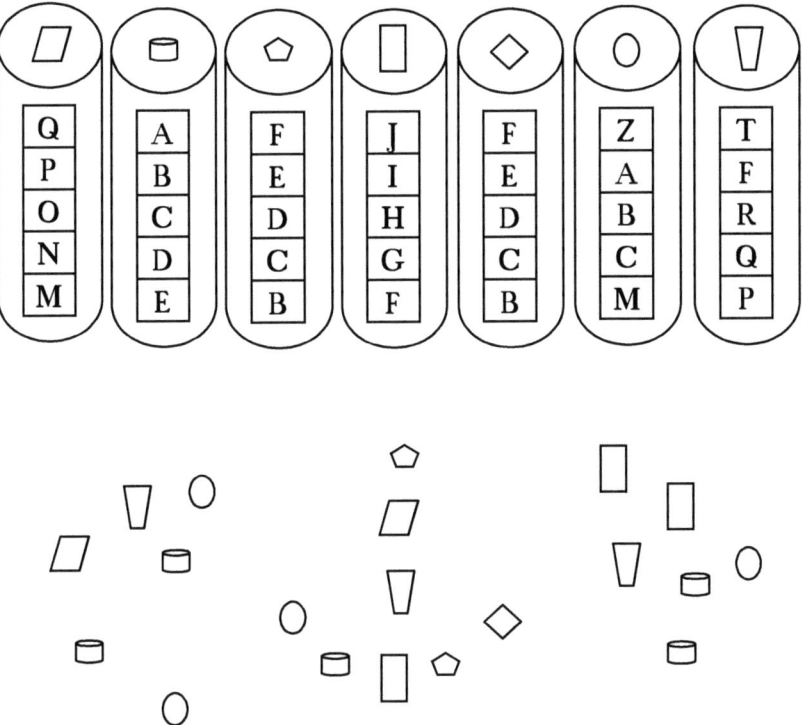

| 1. Ordnen Sie jeder Säule eine Zahl zu. |
|---|
| 2. Ein Wort mit 7 Buchstaben muss mit 7 Säulen gefunden werden. |
| 3. Die andere Aufgabe dieser Seite: Finden Sie die Lösungszahl! |
| 4. Die Zahl steht auf dieser Seite. |
| 5. Das Säulenrätsel dieser Seite gibt das Verhältnis der beiden Inschriften an. |
| Prüfung: Ein Wort mit 2 Selbstlauten und eine Zahl mit der Quersumme: 16. |
| Die Lösung ist auf Seite 77. Achtung: Die Lösung befindet sich in der ersten Hälfte. Darunter ist eine Grafik des nächsten Rätsels abgebildet. |

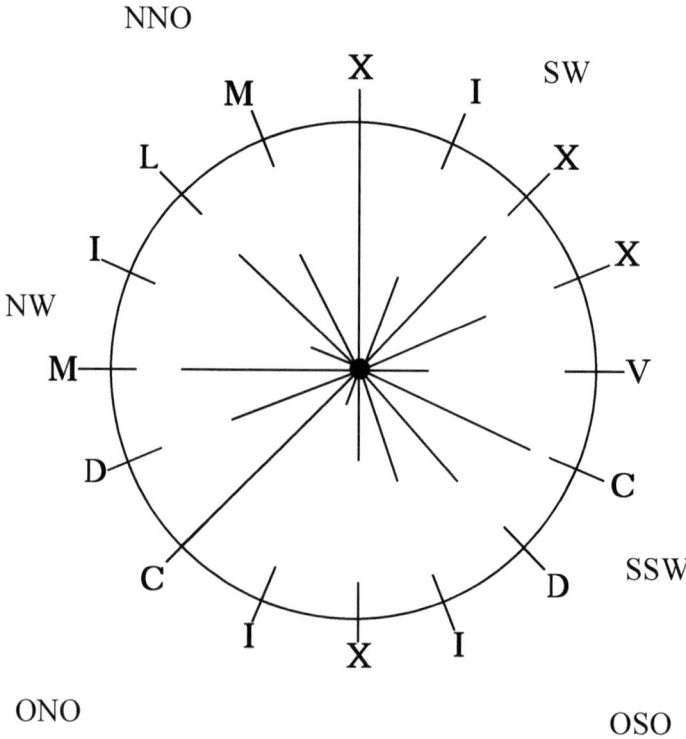

| |
|---|
| 1. Wofür stehen die Abkürzungen? |
| 2. Es werden nur die Buchstaben N, O, S und W gebraucht. |
| 3. Himmelsrichtungen |
| 4. Die Länge der Linien ist wichtig. |
| 5. Notieren Sie die römischen Zahlen richtig. |
| Prüfung: Die Quersumme der Zahl ist 10. |

Die Lösung ist auf Seite 77. Achtung: Die Lösung befindet sich in der ersten Hälfte. Darunter ist eine Grafik des nächsten Rätsels abgebildet.

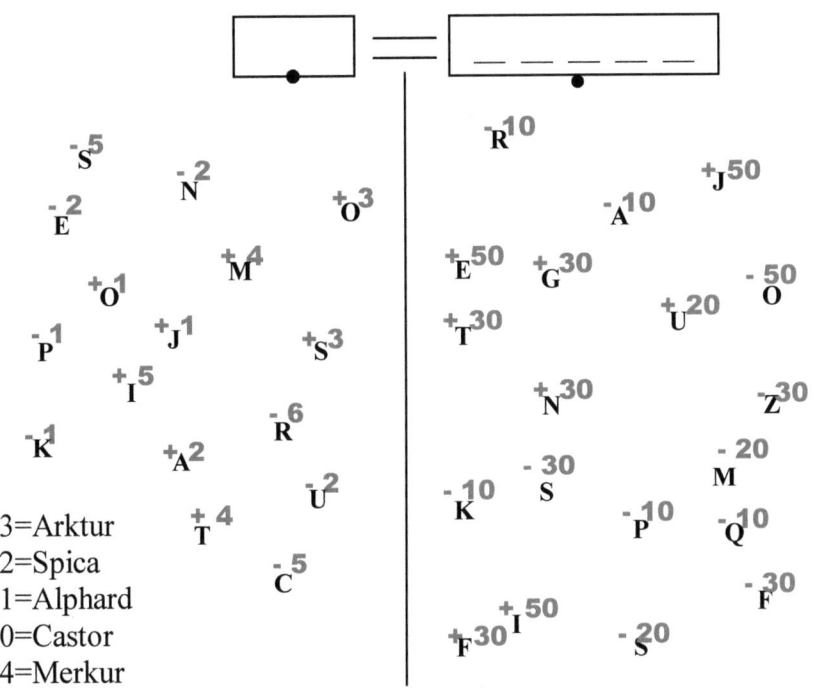

3=Arktur
2=Spica
1=Alphard
0=Castor
4=Merkur

| | |
|---|---|
| 1. Beginnen Sie mit dem ersten Teil. | |
| 2. Ein weißer Pfeil gibt einen Hinweis. | |
| 3. Die Lösungsworte müssen in einer bestimmten Richtung gelesen werden. | |
| 4. Buchstaben können Zahlen abbilden. | |
| 5. Die römische Zahl hat 5 Stellen. | |

Prüfung: Die Summe der Zahl des richtigen Lösungswortes und der Quersumme des Ergebnisses im rechten Feld ist 10.

Die Lösung ist auf Seite 77 in der zweiten Hälfte und im oberen Drittel der Seite 78. Achtung: Danach folgt die Darstellung einer Grafik des folgenden Rätsels.

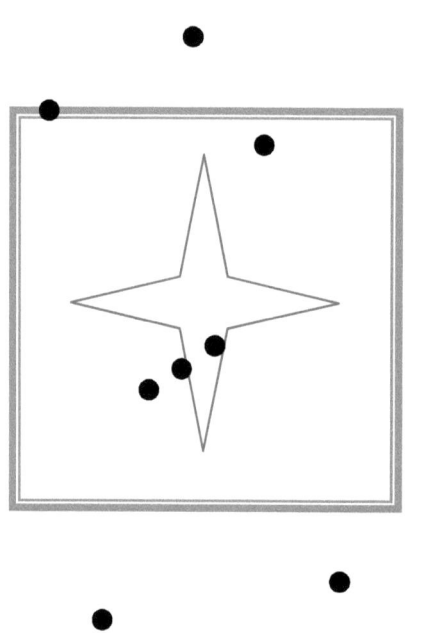

| |
|---|
| links1. Die graue Abbildung ist ein abstrakter Hinweis. |
| links2. Die Punkte zeigen das bekannte Lösungsbild. |
| links3. Einen STERN zeigt das HinweisBILD. |
| rechts1. Sie sehen ein Zeichen. |
| rechts2. Es gibt sie fest und gasförmig. |
| rechts3. Betrachten Sie das Sonnensystem. |
| Prüfung: Zusammen haben beide Lösungen 12 Buchstaben. |

Die Lösung ist auf Seite 77 in der zweiten Hälfte und im oberen Drittel der Seite 78. Achtung: Danach folgt die Darstellung einer Grafik des folgenden Rätsels.

# Rätsel 10

| | | | | | | | | |
|---|---|---|---|---|---|---|---|---|
| 3 | | ○ | | 8 | 5 | | ○ | ╱ |
| △ | ◇ | | | □ | ╱ | ○ | 4 | 6 |
| □ | 4 | ╲ | ◇ | | 6 | ◇ | △ | |
| 7 | □ | △ | △ | ◇ | 4 | 2 | ◇ | 5 |
| 4 | 2 | | ╲ | ○ | △ | △ | 3 | 7 |
| 5 | ‖ | 3 | 8 | | ○ | | ◇ | 9 |
| | ◇ | | 9 | ╲ | | □ | 5 | |
| ╱1 | 8 | ◇ | △ | ◇ | | | □ | |
| ○ | | | 6 | 7 | ○ | ‖ | ◇ | 4 |

1. Lösen Sie das Sudoku.
2. Jede Zeile, Spalte und jedes Quadrat bilden die Zahlen 1 bis 9 ab.
3. Diagonale von links oben: 371357794.
4. Diagonale von rechts oben: 145458482.

Die Lösung ist auf Seite 78.

| N | S | N | E | E | I |
|---|---|---|---|---|---|

| L | A | N | G | E | S | E | I |
|---|---|---|---|---|---|---|---|
| G | S | C | H | W | E | R | T |
| R | T | R | U | K | T | E | P |
| A | E | R | E | R | G | I | F |
| D | N | K | R | E | I | S | O |
| E | T | H | T | I | M | M | I |
| N | U | M | M | S | T | I | L |
| G | E | N | A | U | D | A | R |

1. Welches Wort steht in den 6 Feldern?
2. Übertragen Sie die Symbole sinnvoll in die Felder.
3. Eine römische Zahl mit 6 Stellen ist gesucht.
4. Finden Sie ein Wort, welches im Sudoku abgebildet ist.
5. Das Wort zeigt auch ein Rechenzeichen.
Prüfung: Die Summe beider gesuchten Zahlen ist 66.

Die Lösung ist auf Seite 78.

| D | F | G | H | N | M | K | L | O | F | V | B | G | C | D | E | W | R | T | H |
| A | E | W | E | R | F | V | F | E | F | E | L | D | E | R | H | O | C | G | C |
| A | M | S | E | S | E | G | E | L | I | M | L | M | M | E | L | L | O | C | F |
| Q | A | G | Z | A | L | K | E | I | M | E | A | R | T | R | O | M | M | E | L |
| A | W | H | G | N | E | S | E | E | F | D | U | E | L | E | I | D | A | U | L |
| Y | A | U | U | O | G | D | D | P | F | L | T | I | ■ | ■ | K | L | V | Z | U |
| U | J | I | L | Z | O | R | A | B | R | O | S | M | L | O | R | O | F | I | O |
| A | H | L | F | A | V | G | I | M | A | D | T | E | ■ | ■ | E | C | U | S | E |
| R | N | O | U | M | U | O | N | K | U | D | A | N | ■ | G | I | K | A | S | Q |
| K | B | P | Z | A | R | L | U | I | I | C | R | G | ■ | ■ | S | E | R | S | Y |
| J | V | E | H | N | U | A | S | G | D | V | K | E | M | T | F | R | D | X | C |
| U | T | R | N | D | E | M | N | N | B | W | I | D | U | O | R | N | M | V | X |
| L | H | Ö | V | E | K | P | E | B | V | T | A | I | S | R | E | J | U | T | V |
| I | A | Ä | X | R | R | H | V | P | C | R | G | C | S | M | F | Ä | A | M | K |
| H | L | D | C | A | A | G | R | Y | Y | O | V | H | H | A | E | A | R | K | L |
| F | E | C | Y | M | M | B | U | C | C | W | C | T | T | E | L | Q | D | I | I |
| D | S | T | I | E | R | F | K | D | R | E | S | W | A | C | V | B | E | R | L |
| C | W | A | L | D | B | O | D | E | N | A | N | T | A | R | K | T | I | K | A |
| V | W | E | I | N | W | E | I | N | W | E | I | N | J | A | M | M | I | J | U |
| B | Z | K | I | L | P | D | S | W | E | R | P | U | N | K | T | E | P | I | E |
| N | X | D | E | W | F | G | H | J | Y | S | D | L | O | I | K | N | B | F | D |

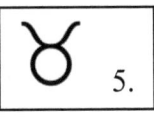

5.

6.

4.

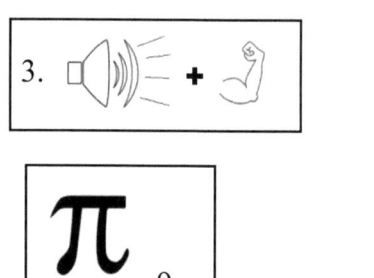

7.

9.

8. Afrika, Asien, Europa, Australien, Nordamerika, Südamerika

10.

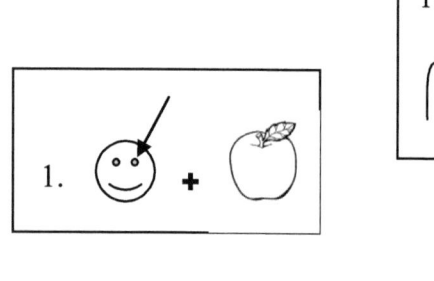

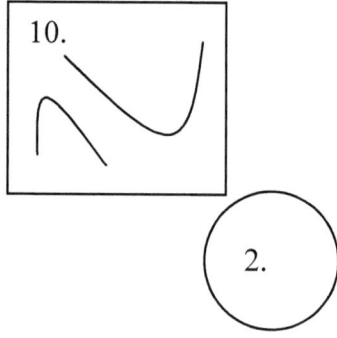

2.

In der Nähe einer Lösung liegen oft auch andere Lösungen.

1. Zwei Worte: Eine Frucht und ein Teil im Gesicht.

2. Ein Wort der Geometrie.

3. Krach und Kraft

4. Was sehen Sie in der Mehrzahl?

5. Es gibt 12 dieser Zeichen.

6. Ein Lehrsatz der Geometrie.

7. Ein bekanntes Gewässer.

8. Einer fehlt.

9. Schauen Sie auf einen Taschenrechner.

10. Was zeigen die Linien in der Mehrzahl?

Die Lösung ist auf Seite 79.

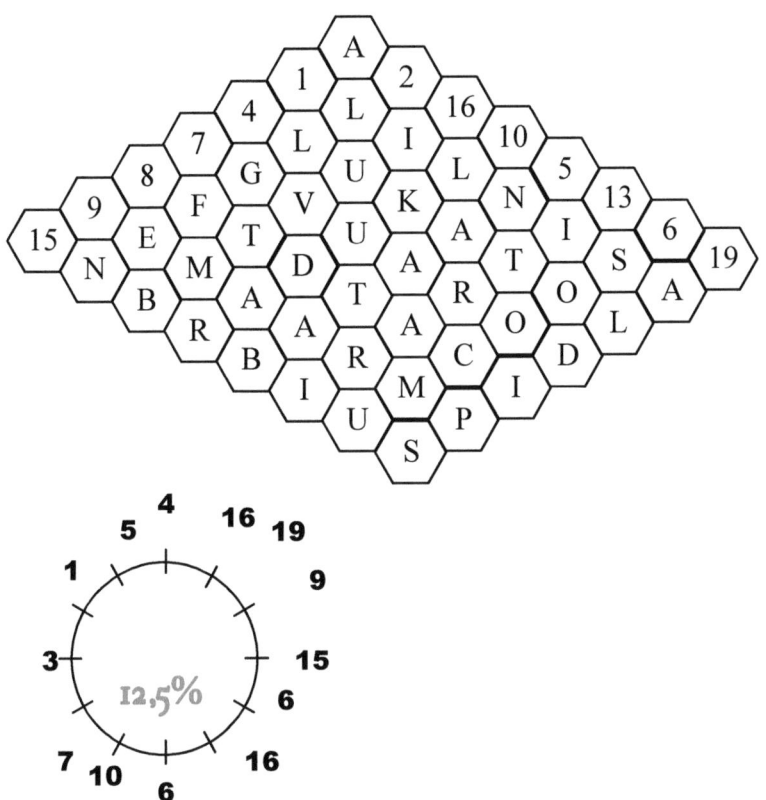

| | |
|---|---|
| 1. Die Lösung hat 4 Buchstaben. | |
| 2. 12,5% einer analogen Uhr. | |
| 3. Die Zeiger sind verlängerbar… | |
| 4. … in beide Richtungen. | |
| 5. Zahlenpaare zeigt man mit einem Komma oder einem Leerzeichen. | |
| Prüfung: Die Lösung hat einen Selbstlaut. | |
| Die Lösung ist auf Seite 80. | |

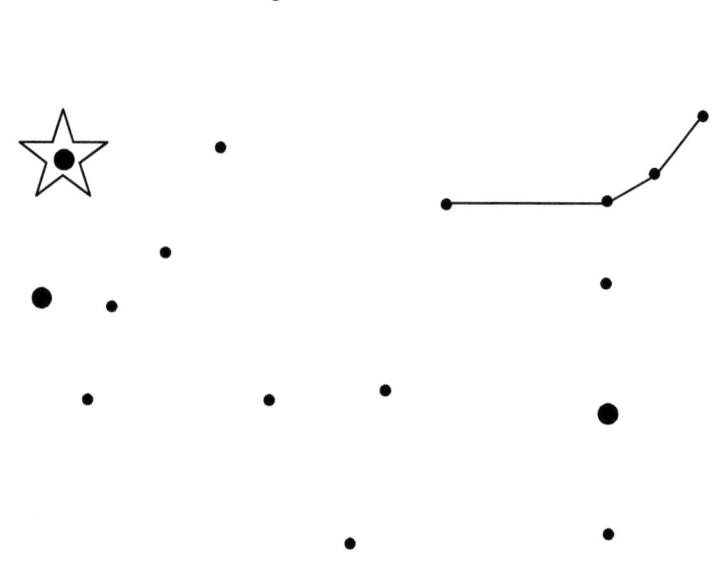

| 1. Ein Name ist gesucht. |
| 2. Der Stern deutet auf ein Stern…. |
| 3. …bild, |
| 4. …mit zwei Köpfen. |
| 5. Der markierte Stern ist die Lösung. |
| Prüfung: Der Name hat 6 Buchstaben und zwei Selbstlaute. |

Die Lösung ist auf Seite 80. Achtung: Der erste Teil ist mit einer Grafik im oberen Viertel der Seite erklärt.

| | | |
|---|---|---|
| 1. | Genau eine Aussage in dieser Liste ist falsch. | Au |
| 2. | Genau zwei Aussagen in dieser Liste sind falsch. | Na |
| 3. | Genau drei Aussagen in dieser Liste sind falsch. | Cu |
| 4. | Genau vier Aussagen in dieser Liste sind falsch. | Mg |
| 5. | Genau fünf Aussagen in dieser Liste sind falsch. | Ni |
| 6. | Genau sechs Aussagen in dieser Liste sind falsch. | As |
| 7. | Genau sieben Aussagen in dieser Liste sind falsch. | Li |
| 8. | Genau acht Aussagen in dieser Liste sind falsch. | Fr |
| 9. | Genau neun Aussagen in dieser Liste sind falsch. | Ga |
| 10. | Genau zehn Aussagen in dieser Liste sind falsch. | Os |

| |
|---|
| 1. Die richtige Aussage markiert die Lösung. |
| 2. Alle Aussagen stehen im Widerspruch zueinander. |
| 3. Was ist wenn keine Aussage stimmt? |
| 4. Was ist wenn eine Aussage stimmt? |
| Prüfung: Die Lösung hat 7 Buchstaben und 3 Selbstlaute. |

Die Lösung des ersten Teils ist auf Seite 80 in der zweiten Hälfte. Achtung: Darüber ist die grafische Lösung des vorigen Rätsels.

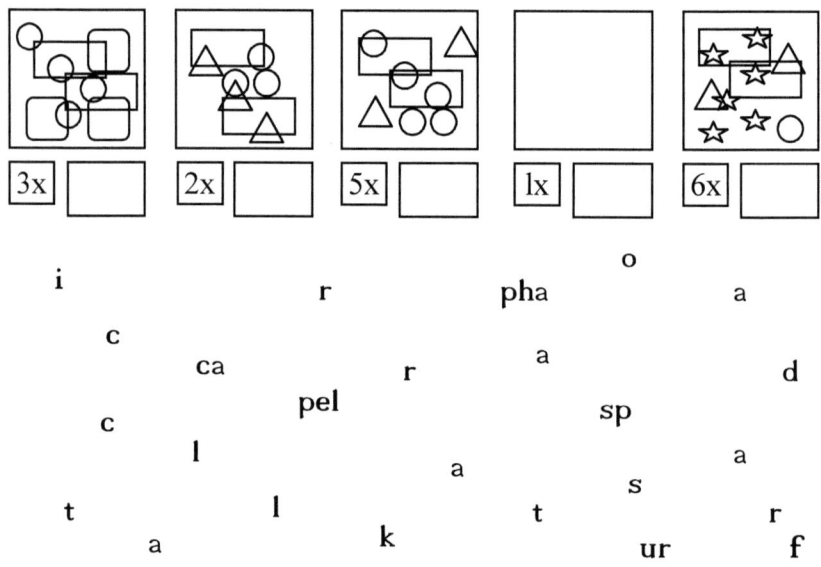

i
c
ca        r        pha        o        a
c        pel        r        a        d
l        sp
t        l        a        s        a
a        k        t        ur        r        f

1. Die richtigen Zeichen deuten auf die richtigen Buchstaben.
2. Auch Nichts ist einmal vorhanden.
3. Im Buch finden Sie die Lösungen.
4. Die Pfeile müssen richtig positioniert werden.
5. Orientieren Sie sich an den freien Rechtecken.
Prüfung: Die Lösung hat 7 Buchstaben und 3 Selbstlaute.

Die Lösung des zweiten Teils ist auf den Seiten 80 und 81. Achtung: Die zweite Hälfte von Seite 81 zeigt die grafische Lösung des nächsten Rätsels.

|   |   |   |   | ⊙ |   | ∞ | ≥ |   |   |   |   |   |   | ® |   |   |   |   |   |   |
|---|---|---|---|---|---|---|---|---|---|---|---|---|---|---|---|---|---|---|---|---|
|   |   |   |   |   |   |   |   |   |   |   |   |   |   |   |   |   |   |   |   |   |
|   |   |   |   | ╱ |   |   |   |   |   |   |   |   |   | ♦ |   |   |   |   |   |   |
|   |   |   |   |   |   |   |   |   |   |   |   |   |   | ¤ |   |   |   |   |   |   |
|   |   |   |   |   |   |   |   |   |   |   |   |   |   |   |   |   |   |   |   |   |
|   |   |   |   |   | ╲ |   |   |   |   |   |   |   |   |   |   |   |   |   |   |   |
|   |   |   |   |   |   |   |   |   |   |   |   |   |   |   |   |   |   |   |   |   |
|   |   |   |   |   |   |   |   |   |   |   |   |   |   |   |   |   |   |   |   |   |
|   |   |   |   | µ | î |   |   |   |   |   |   |   | ≠ |   |   |   |   |   |   |   |
|   |   |   |   | ± |   |   |   |   |   |   |   |   | ∩ |   |   |   |   |   |   |   |
|   |   |   |   | ¥ |   |   |   |   |   |   |   |   |   |   |   |   |   |   |   |   |
|   |   |   |   | ♠ |   |   |   |   |   |   |   |   | Σ |   |   |   |   |   |   |   |

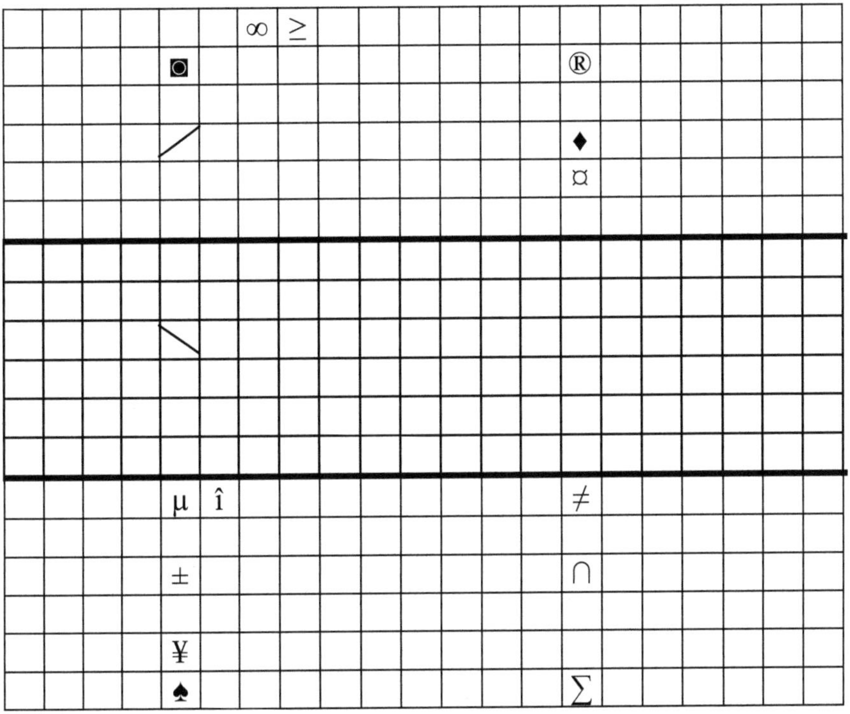

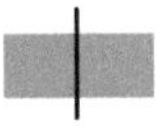

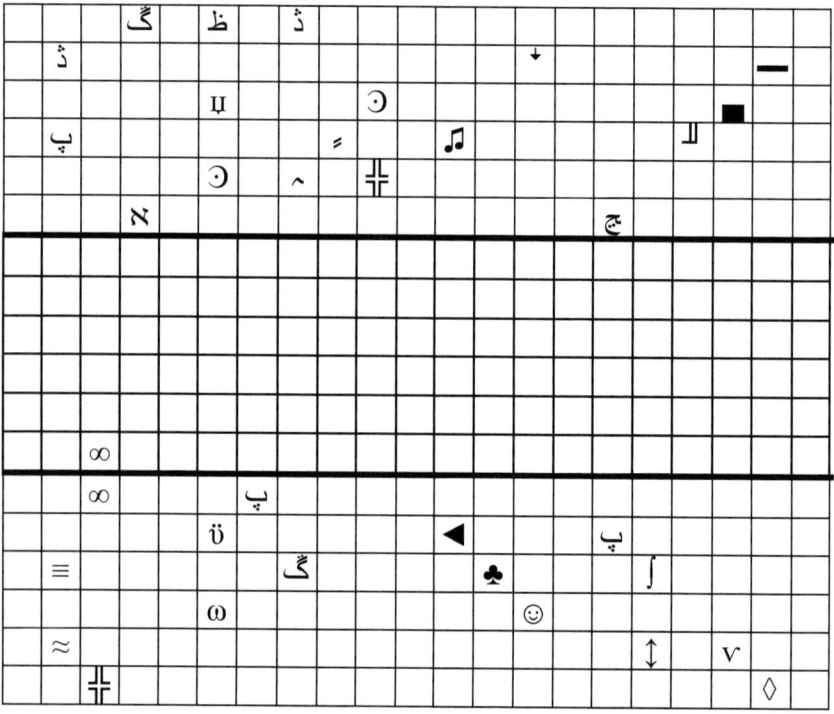

Die Lösung ist auf Seite 81 ab der zweiten Hälfte. Achtung: In der ersten Hälfte befindet sich eine Grafik zur Lösung des vorigen Rätsels. Ein kleiner Abschnitt der Lösung ist noch auf Seite 82 zu finden (2 Zeilen). Achten Sie auch hier auf die Grafik in der Buchmitte und verdecken Sie diese.

Gesucht ist eine Reihe von Zahlen. Die fünfte dieser Zahlen ergibt sich, wenn man von der dritten die zweite Zahl abzieht. Wenn Sie 6 zum Doppelten der letzten Zahl addieren errechnen Sie die vierte Zahl. Und beim Addieren der beiden letzten Ziffern, das sind die fünfte und sechste Zahl, kommen Sie auf 18. Sie können die erste Zahl vervierfachen und errechnen so die dritte Zahl. Ein Drittel beträgt der Anteil der zweiten von der letzten Zahl. Verdoppeln Sie die dritte Zahl und Sie errechnen die vierte Zahl.

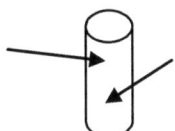

| |
|---|
| 1. Lösen Sie das Gleichungssystem. |
| 2. Eine römische Zahl besteht aus Buchstaben. |
| 3. C, I, L und X sind Vielfache von 3. |
| 4. Setzen Sie Buchstaben für die Zahlen ein. |
| 5. Es wird eine Säule angezeigt. |
| Prüfung: Die Quersumme der Zahl ist 10. |

Die Lösung ist auf Seite 82. Achtung: Die Lösung des zweiten Teils ist direkt darunter und zeigt eine Grafik.

t r r a  s  e  i b  k oz l kma u  xuo  c  Yzke ꝑ k r   ue

Nehmen Sie die Hälfte der Linie zu Hilfe.
Addieren Sie ein Drittel der Linie zur Hälfte dazu.
Dann benötigen Sie das erste Viertel der Linie.
Mit der ersten Hälfte des ersten Drittels finden Sie die Lösung.
Sie benötigen zuletzt noch die ersten beiden Drittel der Linie.

| |
|---|
| 1. Ein Wort ist gesucht. |
| 2. Es ist wichtig was die Sätze verlangen. |
| 3. Arbeiten Sie mit Markierungen. |
| 4. Messen Sie die Länge der Linie und rechnen Sie. |
| 5. Ordnen Sie die 5 richtigen Buchstaben. |
| Prüfung: Das Wort hat 5 Buchstaben und 2 Selbstlaute. |
| Die Lösung ist auf Seite 82. |

# Rätsel 16

Verbinden Sie 19 Punkte mit 10 Linien.

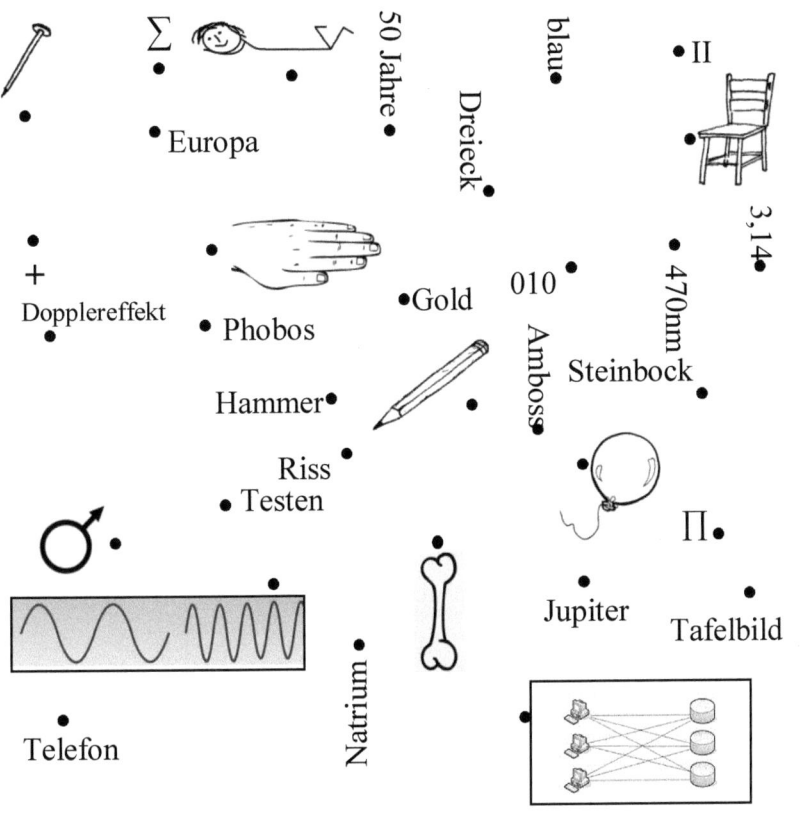

Σ

Europa

50 Jahre

blau

• II

Dreieck

3,14

+

Dopplereffekt

Phobos

•Gold

010

470nm

Amboss

Steinbock

Hammer•

Riss

Testen

Π•

Jupiter

Tafelbild

Natrium

Telefon

| |
|---|
| 1. Astronomie, Physik, Mathematik, Gesellschaft, Biologie. |
| 2. Sie zeichnen eine römische Zahl. |
| 3. Keine Linie kreuzt eine Zeichnung oder ein Wort. |
| 4. Nur der Knochen wird mehrfach verwendet. |
| 5. Denken Sie abstrakt. |
| Prüfung: Die Quersumme ist 10. |
| Die Lösung ist auf Seite 83. |

Erfahren Sie etwas über die Zahl der Nachbarsäule:

Der Fahrer vom Audi wohnt 2 Häuser vom Fiat-Besitzer entfernt.
Steffen fährt Fiat.
Rechts von Maria wohnt der Fahrer vom Fiat.
Tom wohnt nicht neben Maria und hat eine 1 auf dem Dach seines braunen Hauses stehen.
Der Fischbesitzer wohnt im weißen Haus und es steht eine 0 auf seinem Dach.
Der Besitzer der Maus wohnt nicht neben dem Fischhalter.
Das grüne Nachbarhaus des Opel-Fahrers hat eine 1 auf dem Dach stehen.
Neben dem weißen Haus steht das braune Haus.
Eine 1 steht auf dem orangenen Nachbarhaus des Audi-Fahrers.
Der VW-Fahrer hat einen Hund.
Eine Katze hat der Opelfahrer.
Tom und Mark wohnen nicht neben Steffen.

| |
|---|
| 1. 4 Häuser und 4 Eigenschaften |
| 2. Verteilen Sie die Einsen und Nullen richtig. |
| 3. Beginnen Sie mit Steffen, Maria und dem Fiat. |
| 4. Notieren Sie sich die Aussagen in einer Tabelle. |
| Prüfung: Die Quersumme ist 2. |

Die Lösung ist auf Seite 83. Achtung: In der ersten Hälfte ist eine Grafik der Lösung des ersten Teils.

0 1 1 0 0 1 0 1 0 1 1 1 0 1 0 0 1 0 1 0 1 1 0 0 1 0

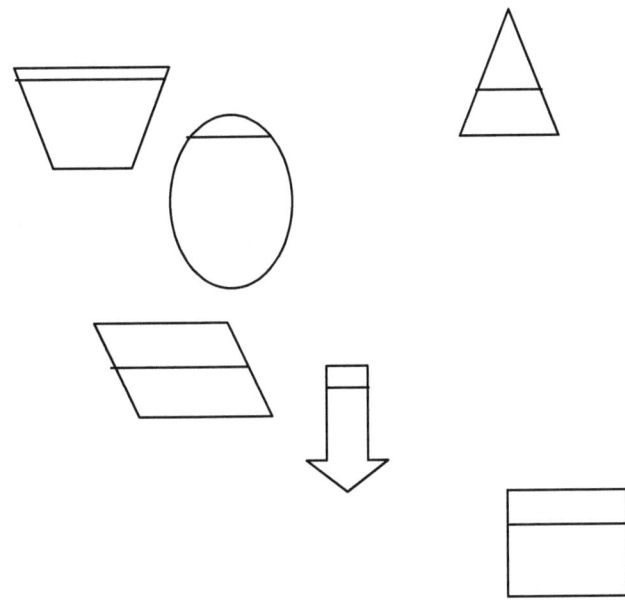

— — — — — —

1. Ein Wort ist gesucht.
2. Die richtige Anordnung der Figuren ist die Lösung.
3. Das Buch zeigt die Lösung.
4. Keine Zahl ist größer als 26.
5. Buchstaben haben eine Position im Alphabet.
Prüfung: Die Lösung ist ein Name mit 6 Buchstaben und 2 Selbstlauten.

Die Lösung ist auf Seite 84. Achtung: Teil eins und zwei werden jeweils mit einer Grafik dargestellt.

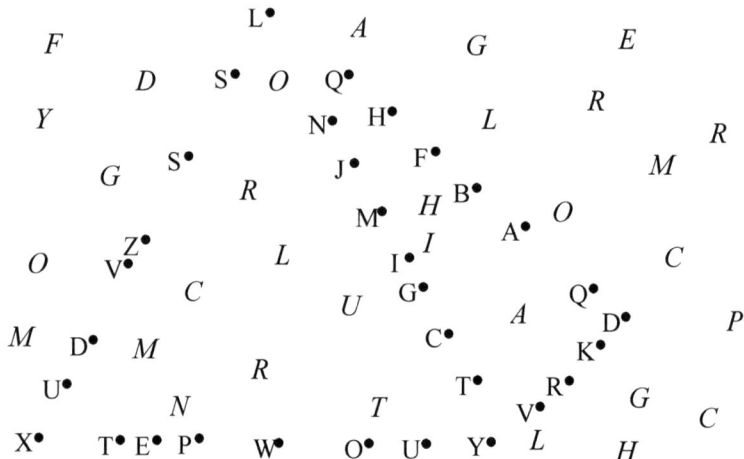

| |
|---|
| 1. Was zeigen die schwarzen Punkte? |
| 2. Eine bekannte Form von Bauwerken. |
| 3. Verbinden Sie die Buchstaben des Namens des Bauwerkes. |
| 4. Das gesuchte Wort steht im Inneren der Zeichnung. |
| 5. Das Lösungswort steht im Inneren der Linien. |
| Prüfung: Die Lösung hat 7 Buchstaben und 3 verschiedene Selbstlaute. |
| Die Lösung ist auf Seite 84. Achtung: Teil eins und zwei werden jeweils mit einer Grafik dargestellt. |

## Rätsel 18

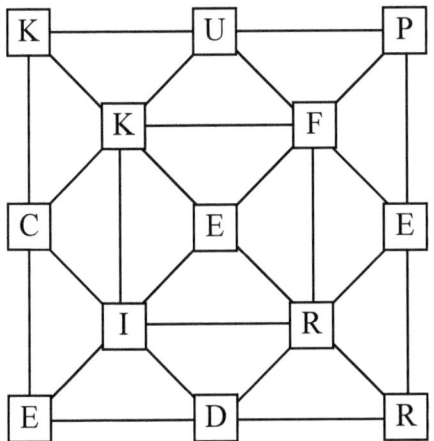

| 1. Schlängelwörter |
| 2. 2 Worte sind zu finden. |
| 3. Sie können jeder Linie in jeder Richtung folgen. |
| 4. Die Buchstaben stehen in richtiger Reihenfolge. |
| 5. Keine Linie darf doppelt genutzt werden. |
| Prüfung: Ein Wort beginnt mit K und das andere mit D. |
| Die Lösung ist auf Seite 85 im ersten Drittel. Achtung: Im zweiten Drittel ist die Lösung des zweiten Teils und im unteren Drittel eine Grafik des folgenden Rätsels. |

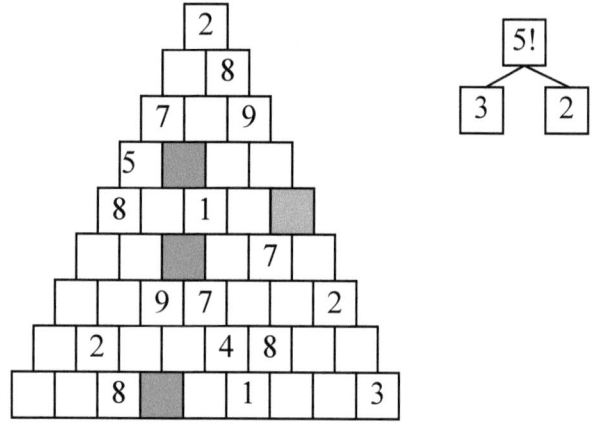

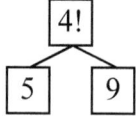

1. Es gibt 2 Regeln für den Stein auf einem Steinpaar.

2. Summe

3. Differenz

4. Die Lösungszahlen haben eine Eigenschaft.

5. Was kann gesucht werden und was zeigen die Zahlen?

Prüfung: Die grau unterlegten Zahlen haben die Summe 8.

Die Lösung ist auf Seite 85 im zweiten Drittel. Achtung: Im ersten Drittel ist die Lösung des ersten Teils und im unteren Drittel eine Grafik des folgenden Rätsels.

28° S | 109° W

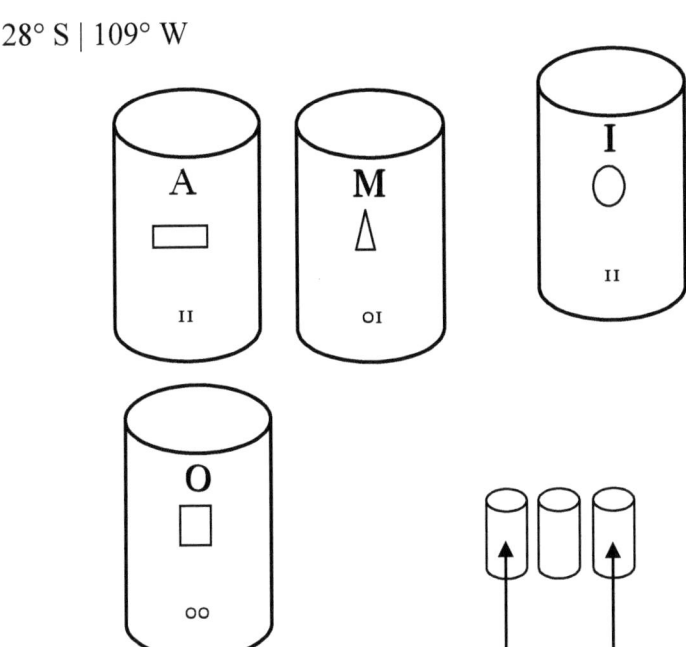

| | |
|---|---|
| 1. S=Süden \| W=Westen. | |
| 2. Finden Sie die Koordinaten. | |
| 3. Welche Besonderheit hat die Insel? | |
| 4. Nicht alle Abbildungen sind wichtig. | |
| 5. Lesen Sie den Code. | |
| Prüfung: Die Quersumme der Lösungszahl ist 16. | |

Die Lösung ist auf Seite 85 im unteren Viertel und Seite 86 in der oberen Hälfte. Achtung: Auf Seite 85 darüber befindet sich eine Grafik des vorigen Rätsels. Auf Seite 86 befinden sich gleich darunter die Grafiken zur Lösung des zweiten Teils.

duallesdieweinderballkleidertomplanetkeimenstuhlweltverstandk
lippentotalspritmathematikrätsellösengedankengrößtekleingewin
lebenknallturmgehirnbeinebauchkopffüßeschulelernenweinenaltu
sesselsturmwindtischsegelknitternrodelnspaßschneewinterherbst
blätterstilhimschweinstiervogelmond☼systemfriedenastronomie

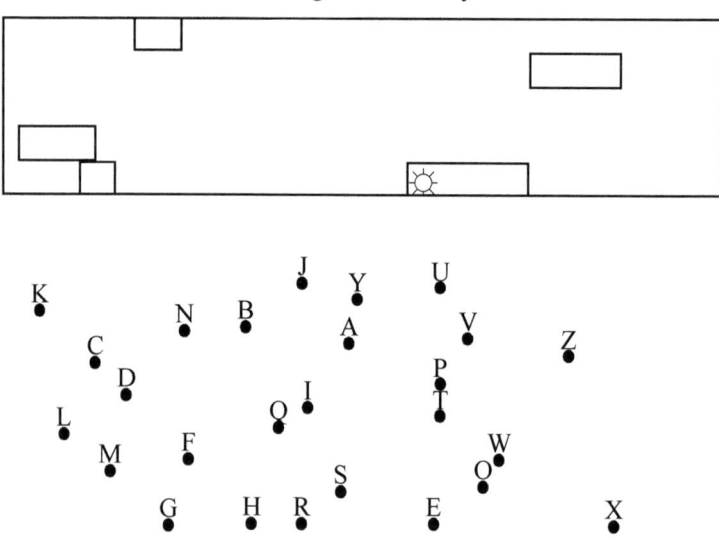

| 1. Die Schablone dechiffriert den Text. |
| --- |
| 2. Die Sonne dient der Orientierung. |
| 3. Beantworten Sie die Frage. |
| 4. Welcher Planet ist gesucht? |
| 5. Verbinden Sie die Buchstaben und lesen Sie das Ergebnis. |
| Prüfung: Die Quersumme des Quadrates des Ergebnisses ist 9. |

| Die Lösung des zweiten Teils befindet sich auf Seite 86 in der ersten Hälfte. |
| --- |
| Achtung: Darunter befindet sich eine Grafik zur Lösung des nächsten Rätsels. |

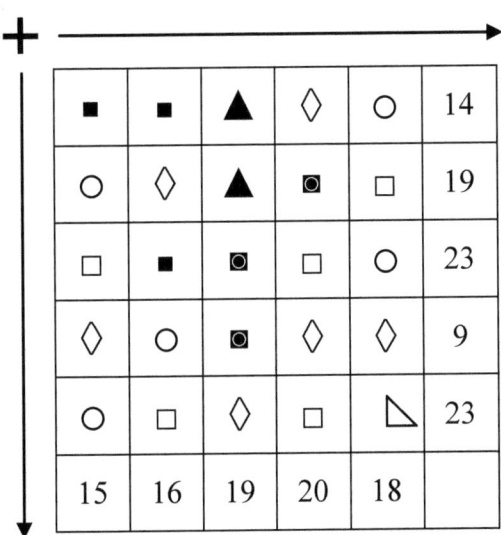

6

1. Am Ende von Zeilen und Spalten stehen die Summen.
2. Jedes Zeichen steht für einen Zahlwert.
3. Fangen Sie klein an.
4. Die richtige Zahl deutet auf das richtige Symbol.
5. Welches Symbol steht für die 6?
Prüfung: Das richtige Symbol steht in der fünften Zeile.

Die Lösung befindet sich auf Seite 86 in der zweiten Hälfte. Achtung: Darüber sind Grafiken des vorigen Rätsels. Außerdem ist ganz unten auf dieser Seite die Lösung des zweiten Teils zu sehen.

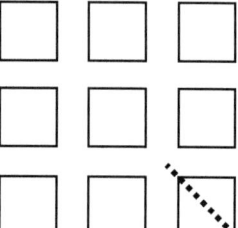

Verbinden Sie alle 9 Felder in einem Zug und mit vier geraden Linien. Die gestrichelte Linie dient als Starthilfe. Die Lösungsfigur ist an der Nachbarsäule zu sehen. Die gestrichelte Linie gehört nicht zur Lösungsfigur.

| |
|---|
| 1. Viele Grenzen stecken wir uns unbewusst selbst. |
| 2. Überschreiten Sie Grenzen. |
| 3. Gehen Sie über das Spielfeld hinaus. |
| 4. Die gestrichelte Linie wird im ersten Schritt gerade durchgezogen. |
| Prüfung: Es ist keine Prüfung möglich da es nur eine Lösung gibt. |

Die Lösung befindet sich ganz unten auf Seite 86. Achtung: Direkt darüber sind die Grafik des ersten Teils sowie die Grafiken des vorigen Rätsels.

\_ \_ \_ \_ \_ \_ | \_ \_ \_ \_ \_ \_

|    | 3 | 30 | 12 | 39 | 13 | 6 | 16 | 18 | 0 | 41 | 7 | 11 | 22 | 45 | 31 | 2 | 50 | 20 |
|----|---|----|----|----|----|---|----|----|---|----|---|----|----|----|----|---|----|----|
| 60 | G | N | M | L | O | P | K | H | X | Y | A | S | D | V | U | Z | T | R |
| 9  | A | C | X | B | U | I | O | M | V | F | A | Q | W | C | B | J | U | J |
| 49 | E | R | G | H | N | M | K | I | O | G | D | S | E | W | T | G | X | Y |
| 21 | Y | X | D | U | I | O | P | E | C | X | G | F | S | W | E | R | T | T |
| 10 | X | V | H | U | I | L | O | K | F | S | S | A | Q | Y | V | B | N | H |
| 8  | F | E | C | T | U | Z | S | A | Q | W | X | C | N | K | I | I | D | E |
| 15 | A | Y | V | N | H | J | K | L | Q | A | Z | E | X | V | U | M | Z | U |
| 24 | Y | C | V | G | F | S | A | E | T | U | I | M | B | J | U | I | E | W |
| 19 | Y | E | E | T | U | I | J | G | D | A | A | Q | W | E | X | C | V | B |
| 33 | Y | C | B | V | N | H | J | U | E | R | W | A | S | D | E | W | N | U |
| 1  | R | X | V | U | R | E | I | P | O | B | R | Y | C | V | R | W | T | U |
| 42 | X | R | E | W | U | I | O | P | L | J | H | X | C | Y | E | W | A | Y |
| 4  | V | N | H | U | J | K | I | L | X | S | A | Q | W | E | B | T | V | C |
| 23 | X | A | S | Y | H | Z | U | I | J | K | L | O | F | D | E | M | J | H |
| 37 | A | Q | Y | X | C | G | F | U | Z | H | C | V | E | R | T | N | B | M |
| 17 | S | Y | X | E | K | C | B | G | Z | U | I | N | I | M | D | I | E | F |
| 43 | X | Q | R | E | D | V | N | M | U | I | J | K | L | O | A | Y | A | S |
| 5  | X | C | V | F | E | R | T | G | N | J | U | Z | P | Y | A | S | W | E |

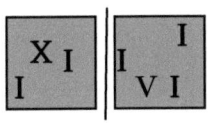

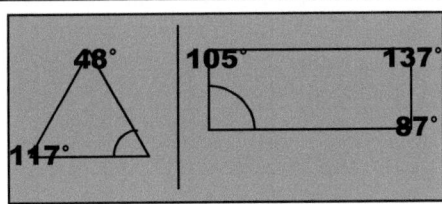

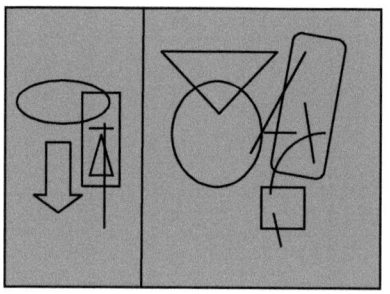

1, 4, 2, 4, 7, ▮, 10, 13, 11, ▮

OK

§ !

---

| 1. Finden Sie 12 Buchstaben für 2 Worte. |
|---|
| Die Tipps sind den einzelnen Darstellungen nicht zugeordnet. Sie müssen selbst erkennen auf welches Teilrätsel sich ein Tipp bezieht. Lösen Sie vorab alle Ihnen möglichen Zahlenkombinationen. Es gibt 12 Stück. |
| 2. Es gibt nur eine mögliche Kombination aller Buchstaben. |
| 3. Die Summe der Innenwinkel ist immer gleich. |
| 4. Ein Binärcode besteht aus zwei verschiedenen Symbolen. |
| 5. Eine Folge mit drei Schritten. |
| 6. Die Kreuzungen sind wichtig. |
| 7. Buchstaben haben einen Platz im Alphabet. |
| 8. Eine Tastatur ist hilfreich. |
| 9. Einige Koordinaten finden Sie im Buch (graue Felder). |
| Prüfung: Beide Worte enden mit einem R. |

Die Lösung ist auf Seite 87.

Figur und Element

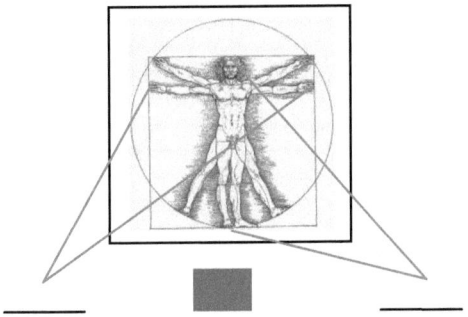

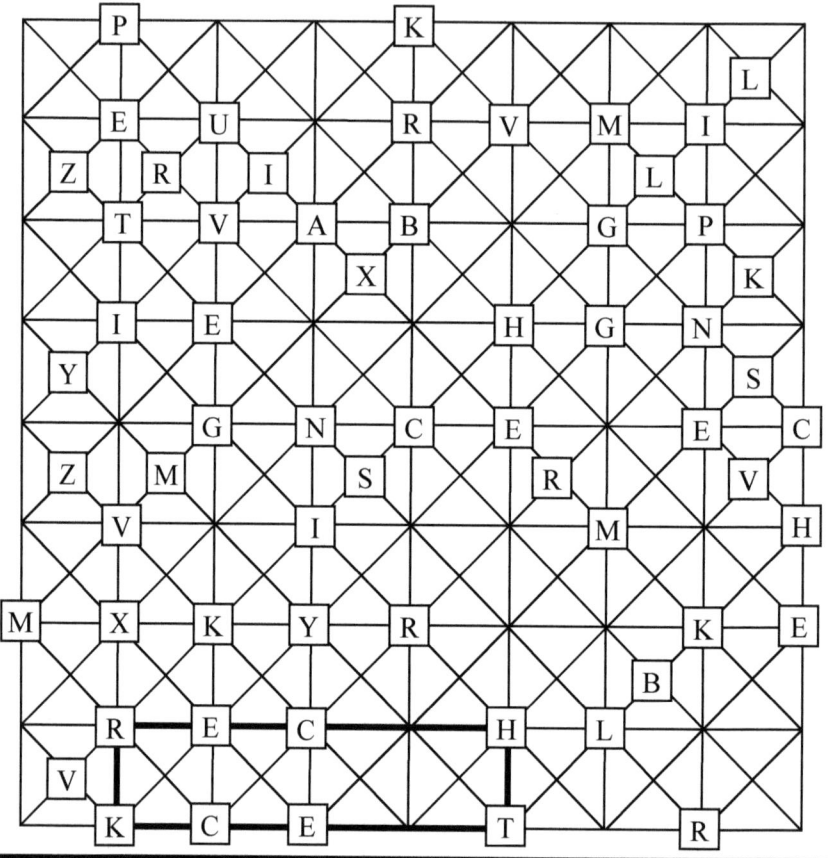

1. Was wissen Sie über das Verhältnis der Körpergröße zur Armspannweite?
2. Da Vinci erkannte die Geometrie des Menschen.
3. Die gesuchte Figur kann im Buchstabenfeld gelesen werden.
4. Das Rechteck zeigt wie Sie das Element entdecken.
5. Das Element wird mit 2 Worten geschrieben.
6. Wie heißt die Abbildung auf Seite 47?
7. Lösen Sie erst einmal andere Rätsel und ordnen Sie dieses am Ende zu.

Prüfung: Das Kürzel des Elements besteht aus 2 Selbstlauten.

Die Lösung ist auf Seite 88 in der ersten Hälfte. Achtung: Darunter ist eine Grafik des nächsten Rätsels.

# Rätsel 23

0 < Lösungszahlen < 6

| | Nachbarn ungleich | gerade Zahlen | | Summe:12 | |
|---|---|---|---|---|---|
| Primzahlen | | | | | Differenz Nachbarn 1 |
| Differenz Nachbarn gleich | | | | + | jede Zahl einmal |
| Differenz Nachbarn gleich | - | - | | | |
| | | | | + | |
| Summe:10 | | Nachbarn ungleich | Differenz Nachbarn gleich | | |

1. Lösungszahlen: 1,2,3,4,5
2. Beginnen Sie mit der ersten Zeile und der zweiten Spalte.
3. Die Felder mit den Rechenzeichen führen zur Lösungszahl.
Prüfung: Die richtige Lösung ist 6x auf dem Feld vorhanden.

Die Lösung ist auf Seite 88 im unteren Drittel. Achtung: Darüber ist die Grafik des vorigen Rätsels.

5 ist die Summe der ersten und letzten Zahl.
Zusammen ergeben alle Zahlen die Summe 27.
Die dritte Zahl ist der Nachfolger einer direkten Nachbarzahl.
Die letzte Zahl beträgt ein Drittel der zweiten Zahl.
Alle Zahlen sind größer als 0.
Die beiden mittleren Zahlen ergeben die Summe 12.
Die zweite Zahl ist das Doppelte der ersten Zahl.

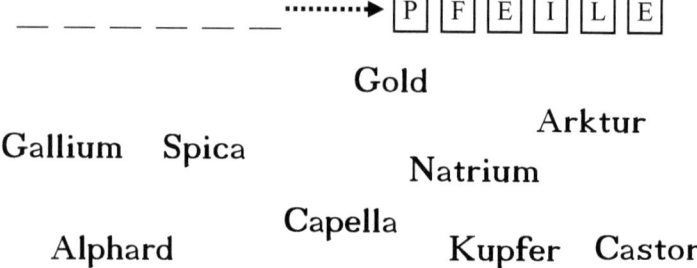

— — — — — —  ┈┈┈▶  P  F  E  I  L  E

Gold

Arktur

Gallium    Spica

Natrium

Capella

Alphard

Kupfer    Castor

---

| |
|---|
| 1. Lösen Sie das sechsstellige Zahlenlogical. |
| 2. Beginnen Sie mit dem ersten, dritten und letzten Satz. |
| 3. Wie gelangen Sie von der Zahl auf das Wort? |
| 4. Das Wort ist zugleich ein Hinweis. |
| 5. Im Buch finden Sie die Lösungen. |
| Prüfung: Das richtige Wort ist auf 3 von 4 Seiten doppelt umrahmt. |

Die Lösung ist auf den Seiten 88 und 89. Achtung: Auf Seite 88 befinden sich unmittelbar davor die grafischen Lösungen des ersten Teils und des vorigen Rätsels. Auf Seite 89 beginnt ab der Mitte die Lösung des nächsten Rätsels mit einer Grafik.

# Rätsel 24
**Erster Teil - Hinweis: Gesucht ist ein Element.**

| |
|---|
| 1. Sie müssen noch andere Hinweise finden. |
| 2. Vielleicht können Sie das Rätsel noch nicht lösen. |
| 3. In einem anderen Rätsel hätten diese Punkte viel erleichtert. |
| 4. Das Element hat 7 Buchstaben. |
| 5. Finden Sie das richtige Rätsel. |
| Prüfung: Das Wort hat 7 Buchstaben und 3 Selbstlaute. |

Die Lösung ist auf Seite 89 in der zweiten Hälfte. Achtung: Darüber ist eine Grafik des vorigen Rätsels. Außerdem ist auch eine Grafik des zweiten Teils unter dieser Lösung abgebildet.

| 3 |   |   |   |   | + |   | + |   |   |
|---|---|---|---|---|---|---|---|---|---|
|   |   |   |   |   |   |   |   |   |   |
|   |   | + |   |   |   | < | 3 | > |   |
|   |   | ∨ |   |   |   |   | ∨ |   |   |
|   |   | > |   |   |   |   |   | > | + |
|   |   |   |   | ∧ |   |   |   |   |   |
|   |   |   |   | > |   | < |   |   |   |
|   |   |   |   |   |   |   |   |   |   |
| + |   | + |   |   |   |   | + | < |   |
|   |   |   |   |   |   |   |   |   | ∧ |
| + | > |   | < |   | + |   |   |   |   |

1. Lösen Sie das Zahlenrätsel.
2. In den Zeilen und Spalten ist keine Zahl mehrfach vorhanden.
3. Beachten Sie die Zeichen „>" und „<".
4. Dritte Spalte: 1, 5, 4, 6, 2, 3
Prüfung: Die Quersumme ist 4.

Die Lösung ist auf Seite 89 in der zweiten Hälfte. Achtung: Darüber ist die grafische Lösung des vorigen Rätsels.

## Lösen Sie das Säulenrätsel.

Verteilen Sie die Säulen und die Eigenschaften richtig. Die Position der Inschriften auf den Säulen ist frei wählbar.

Die Lösung finden Sie auf Seite 90. Vorab, im ersten Drittel, erhalten Sie im Lösungsbereich noch ein paar Tipps zur Lösung.

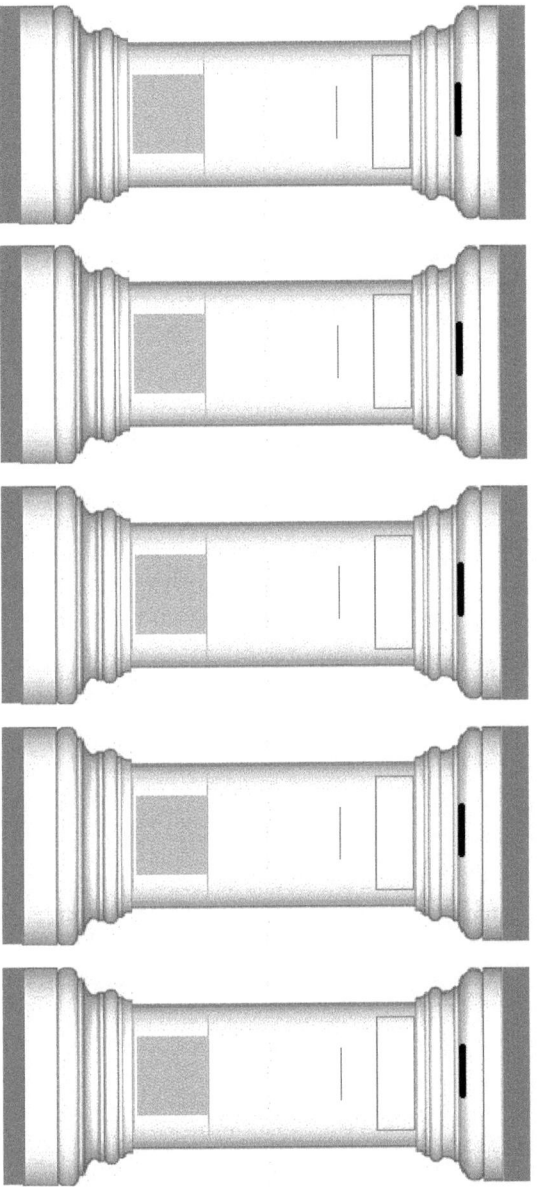

Sie haben die Rätsel und das große Logical richtig gelöst? Herzlichen Glückwunsch!

Nun folgt der dritte Teil des Buches. Sie erhalten eine ganze Seite volle vermischter Buchstaben (S.59). Auf diesem Feld versteckt sich auch die große Frage um die es eigentlich geht. Sie erhalten zwei Schablonen um das Buchstabenwirrwarr zu dechiffrieren.

Die Aufgabe besteht darin die richtigen Felder auszuschneiden und so Ihre Schablone anzufertigen. Dazu erhalten Sie im Anschluss zehn Code-Rätsel. Diese Rätsel beziehen sich ausschließlich auf die fünf gelösten Säulen. Lösen Sie die Hinweise und erstellen Sie Ihren Dechiffrierungsschlüssel.

Die beiden Schablonen sind identisch. Falls Ihnen ein Fehler unterläuft steht Ihnen noch ein weiteres Exemplare zur Verfügung. Sollten Sie das zweite Exemplar benötigen, dann machen Sie unbedingt vorher eine Kopie. Wenn Sie wieder nicht richtig liegen können Sie damit weiter probieren.

Die Buchstaben müssen allerdings noch sortiert werden. Es sind nur die Buchstaben des Wortes selbst gemischt. Nicht die Buchstaben aller Worte untereinander. Auch die Worte befinden sich in der richtigen Reihenfolge.

**Beachten Sie:**

1. Die Zeichen werden so verwendet wie sie dargestellt sind. Sie müssen nicht gedreht werden. Ist das gleiche Zeichen in einer anderen Position, so zählt es auch als anderes Zeichen. Beispielsweise sind die Abbildungen: ꓹ und ꓡ verschiedene Zeichen.

2. Jede Aufgabe liefert genau ein richtiges Lösungssymbol.

3. Sind zwei oder mehr Symbole in einem Feld, dann müssen alle richtig sein damit das Feld zur Lösung gehört.

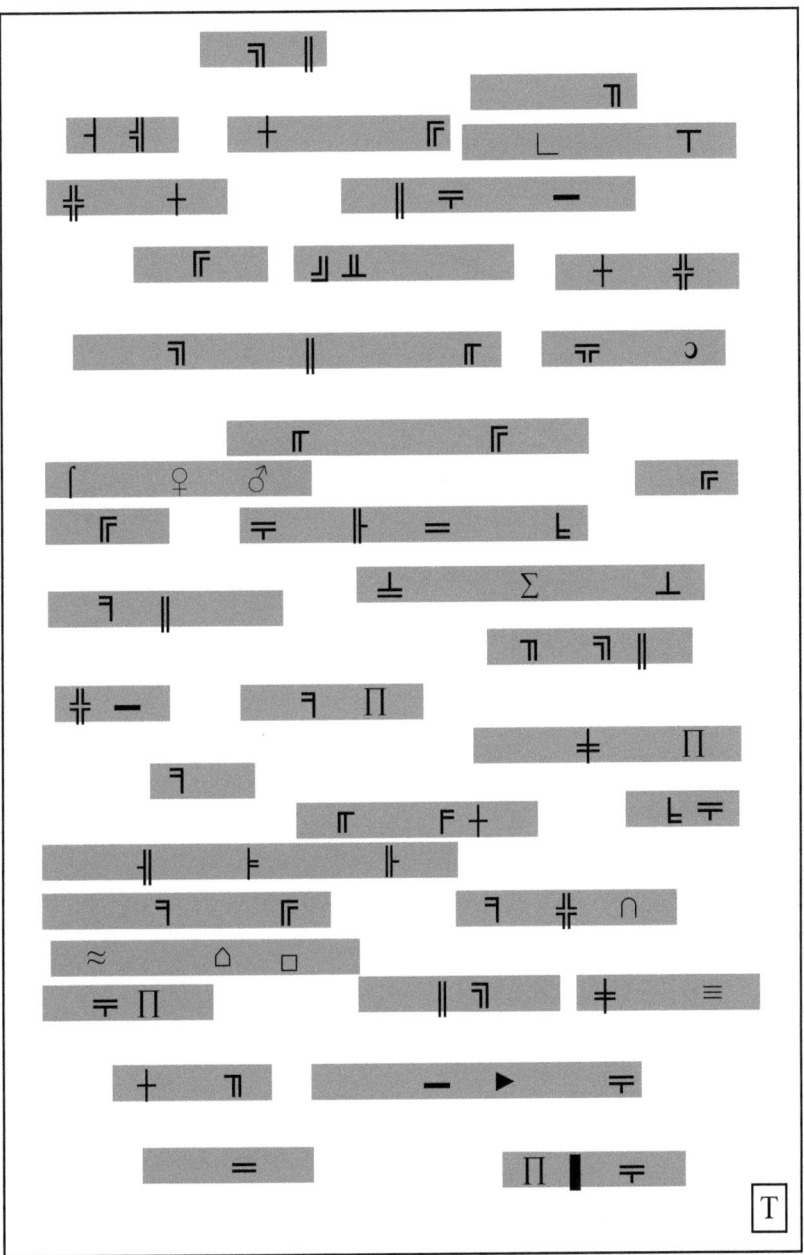

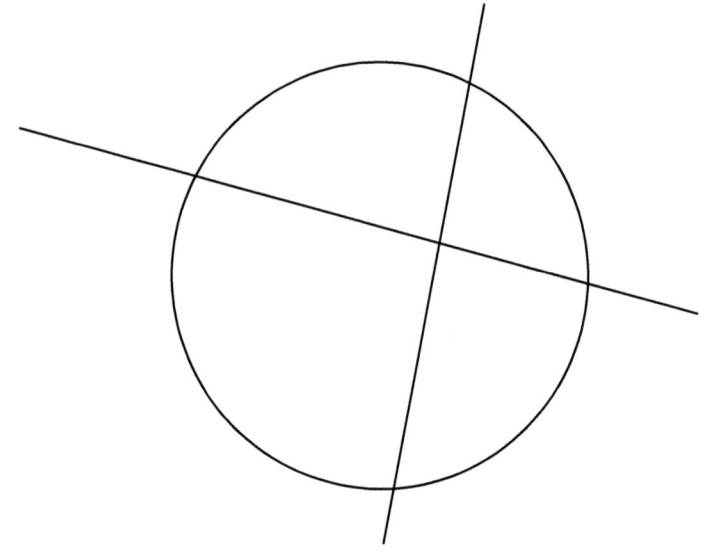

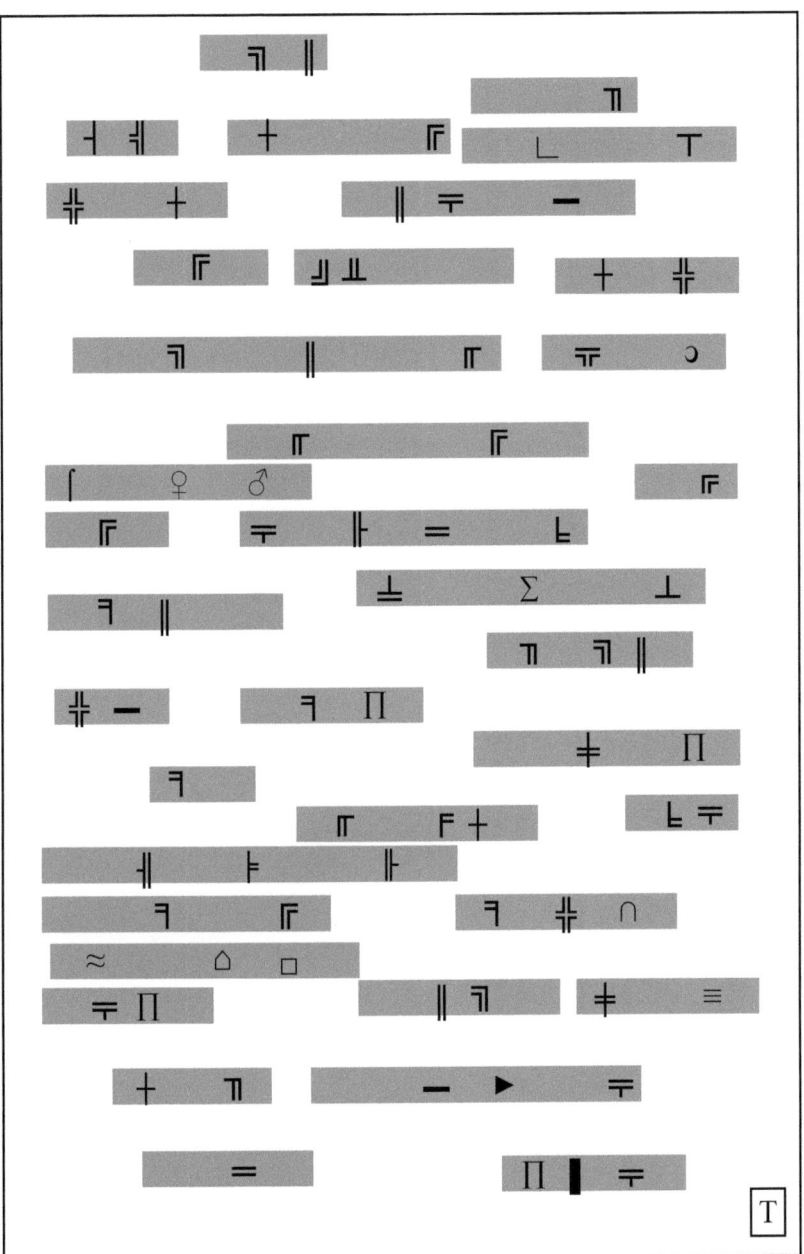

A D F A S L N E I E C I D E R K N I M E I X E L I
Ä U C E K D R E N S Ü F N F Ä E S U L D N U R
S H E I H G N R I V T E N E S A S A M E H M S
S E N I X L I X H N E Z G J O K L L O Ä S U L T
K G V I M 9|41 F D I H B M O M I M O A M O S
S N E L L E L A A L L E L A I S O M M E T R I O
E I R V H C Ä R E D F E P D R E I D L B K U M I
Y F N O G I H E C E R M E T S R Ü V V Ü T M A
L S T I E N G A R P N E T I N F U E U E E I K J L
P P D W U M U N Z E H G I N E N C E T O L S O
E I N L E N X V H Z U W E V N B L J E E R D F I
H I E R V M C U I O D E R I C E S H S M M O S
E R J Z X C Y A N A O R T F M U R E I O F F S F
V N D A N R E E C I U T V B H J P Ö Ä U L E S
E F C D A N W B R E A R D Ü L U E Ä N S I J M
I F R T W E Q U K O L Ö Ä D F V Z S Y E U I T
C D S A K I B M U G H B C U Z D M I L O P Ö F
D X G H U F A W X V B N G H K O I U C Y B V
G D F V U I Z O P E L H E C S W G U Z V C N B
M B U M G F U H S Y C R Ü P E P I P E P F P O
T B N E R I L T S D G C B U I O A S C B B N E L
G I U H B M S S S A R T C B U H M I O P Ä E K
V D S D Ü S Ü Ö Q W U E E T T D R V B U I M
K C C Y U Z T I V R W K L I O X Ä Ä O L P K I
C X V I S E E D W C B U I H M K I O I L U K V
B M Y C V U J I K F F T O R R K E C U E N N K
D E B C U Ä E S L M O T N E T S R A C U I H J
U V B Z L O Ä O L Ö I H U F G U M U T N U E T

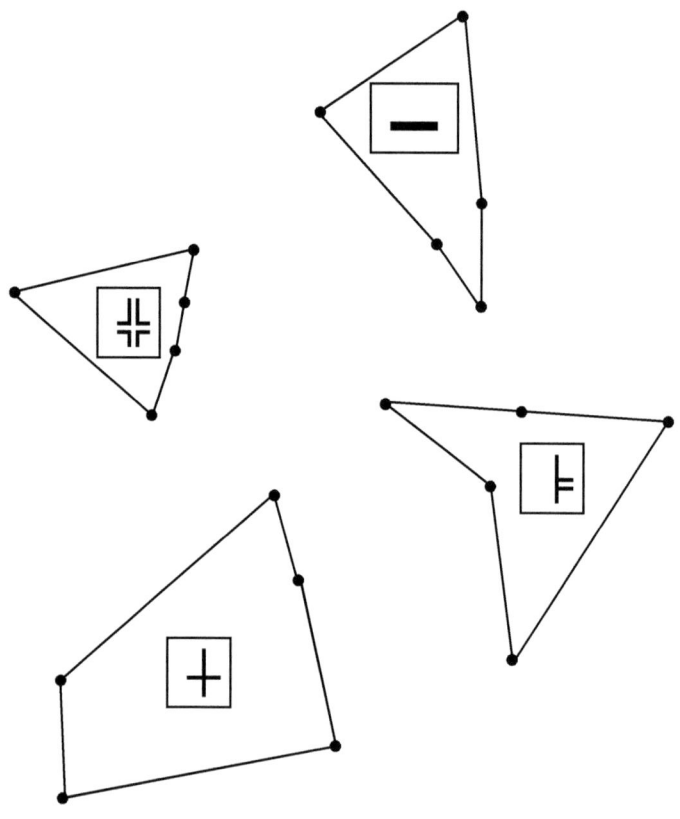

1. Die Punkte haben verschiedene Positionen zueinander.

2. Welchen Inschriften der Säulen kann eine Lage zugeteilt werden?

3. Betrachten Sie die Namen.

4. Sie benötigen eine Sternkarte...

5. ...mit Namen von Sternen.

Prüfung: Das richtige Symbol ist 5x vorhanden.

Die Lösung ist auf Seite 91 im ersten Drittel.

CLXXX + XXXVII = CVIII

XLIII + LI = XIX

XXXVII + XLIII = LXXX

CCLXII + XLIII = CCCV

LI + XXXVII = LXXI

CCLXII + LI = CCCX

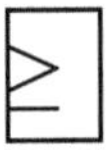

XXXVII + XLIII = LIV

| |
|---|
| 1. Nur ein Symbol ist richtig. |
| 2. Mit einer bestimmten Vorgehensweise ist nur eine Aufgabe richtig. |
| 3. Jede Säule hat eine römische Zahl... |
| 4. ...und eine Ordnungszahl. |
| 5. Die Aufgabe stimmt, wenn für die römische Zahl eine andere Zahl steht. |
| Prüfung: Das richtige Symbol ist 6x vorhanden. |

Die Lösung ist auf Seite 91 im mittleren Bereich. Achtung: Darüber befindet sich die grafische Lösung des vorigen Codes.

# Code 3

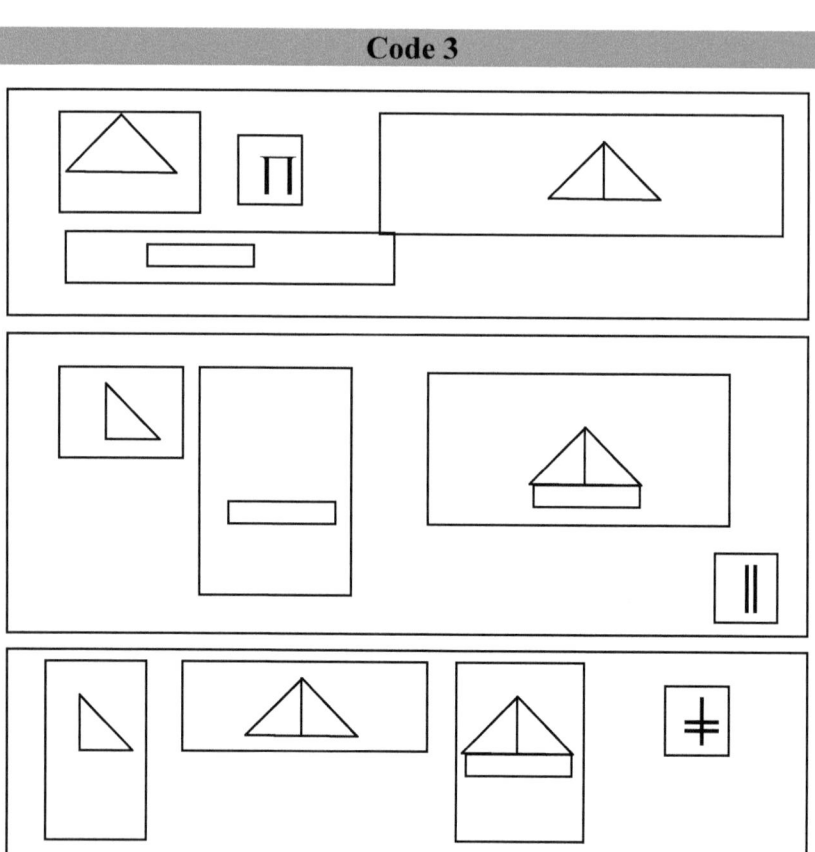

1. Eine Zeichensammlung ist mathematisch korrekt.
2. 2+3=5.
3. A...
4. ...Flächeninhalt.
5. Maße des Rechteckes und Position der Säule.

Prüfung: Das richtige Symbol ist 6x vorhanden.

Die Lösung ist auf Seite 91 im unteren Drittel. Achtung: Darüber befindet sich die grafische Lösung des vorigen Codes.

# Code 4

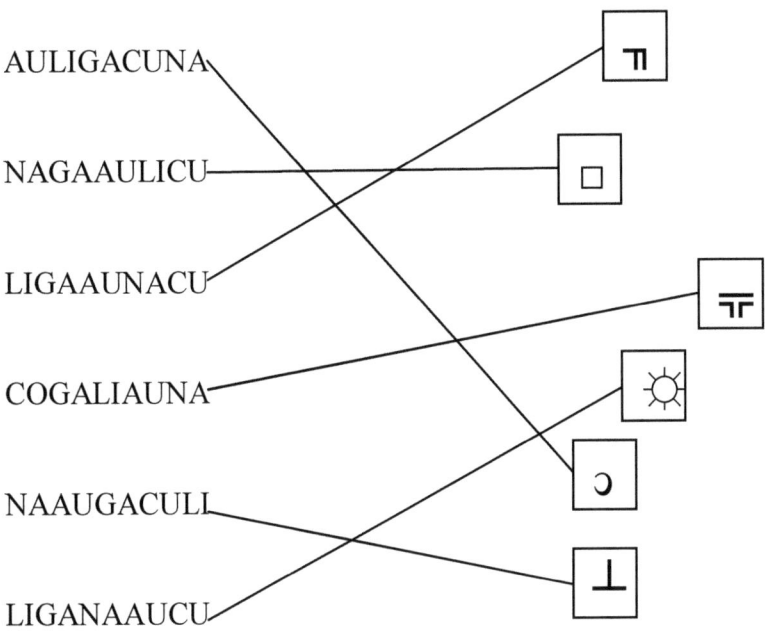

AULIGACUNA

NAGAAULICU

LIGAAUNACU

COGALIAUNA

NAAUGACULL

LIGANAAUCU

| |
|---|
| 1. Jede Buchstabensammlung beinhaltet alle 5 Säulen. |
| 2. Eine Reihenfolge ist richtig. |
| 3. Welche Angaben werden gängig mit 2 Buchstaben dargestellt? |
| 4. Elemente |
| 5. Symbol des chemischen Elements. |
| Prüfung: Das richtige Symbol ist 3x vorhanden. |

Die Lösung ist auf Seite 91 ganz unten. Achtung: Oben auf der Seite ist die grafische Lösung des ersten Codes.

0 1 1 1 1 1 1 1 0 0 1 1 1 0 1 0 1 1 0 0 1 1 1 0 1

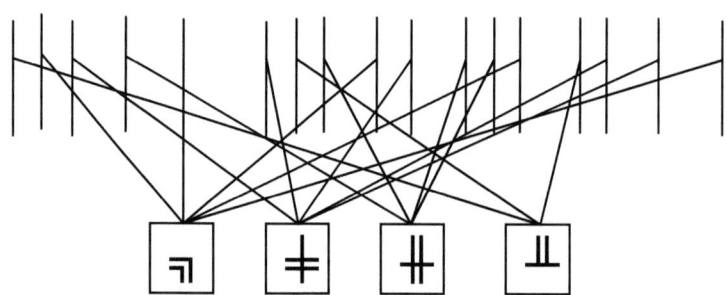

| |
|---|
| 1. Teilen Sie die Zeile in fünf Zahlen. |
| 2. Die richtigen Linien bringen die richtige Teilung. |
| 3. Die richtigen Linien zeigen das richtige Symbol. |
| 4. Orientieren Sie sich an den Ordnungszahlen. |
| 5. 0011 und 11 stehen beide für die 3. |
| Prüfung: Das richtige Symbol ist 4x vorhanden. |

Die Lösung ist auf Seite 92 im ersten Drittel. Achtung: Darunter befinden sich die grafischen Lösungen der folgenden Codes.

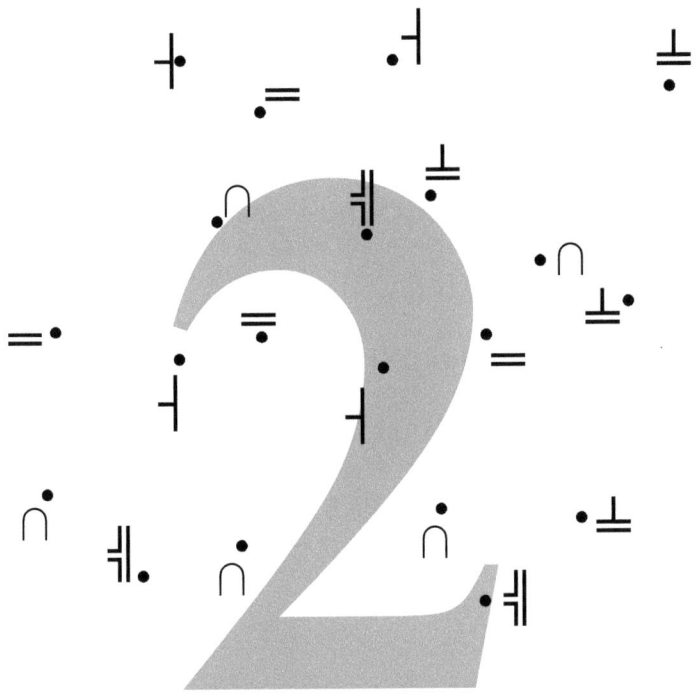

| |
|---|
| 1. Die Zahl ist ein erster Hinweis. |
| 2. Säule 2… |
| 3. …zeigt eine geometrische Figur… |
| 4. …die Sie auch auf dem Feld finden. |
| 5. Verbinden Sie die Punkte des richtigen Symbols. |
| Prüfung: Das richtige Symbol ist 2x vorhanden. |

Die Lösung ist auf Seite 92 im mittleren Drittel. Achtung: Darüber befindet sich die grafische Lösung des vorigen Rätsels.

# Code 7

Die 31 steht nicht neben den Zahlen 29 und 3.
Die 11 steht nicht neben den Zahlen 3 und 29.
Die 79 steht nicht neben den Zahlen 31 und 3.

| | |
|---|---|
| CCLXIXLIIIICLXXXXXXVIILI | ∟ |
| XLIIICCLXIICLXXXLIXXVIIX | Σ |
| IIILXIIVXXXXXXCLILIIXLCC | ▶ |
| CCLXIILICLXXXXXXVIIXLIII | ⅂ |
| XLIIIXXXVIICCLXIILICLXXX | ╟ |

1. Lösen Sie das Zahlenlogical.
2. Es gibt zwei mögliche Lösungen.
3. Der nächste Schritt schließt jedoch eine Lösung aus.
4. Insgesamt sehen Sie 5 römische Zahlen.
5. Ziffern und römische Zahlen gehören paarweise zusammen.
Prüfung: Das richtige Symbol ist 5x vorhanden.

Die Lösung ist auf Seite 92 im unteren Drittel. Achtung: Darüber sind die grafischen Lösungen der vorigen Rätsel.

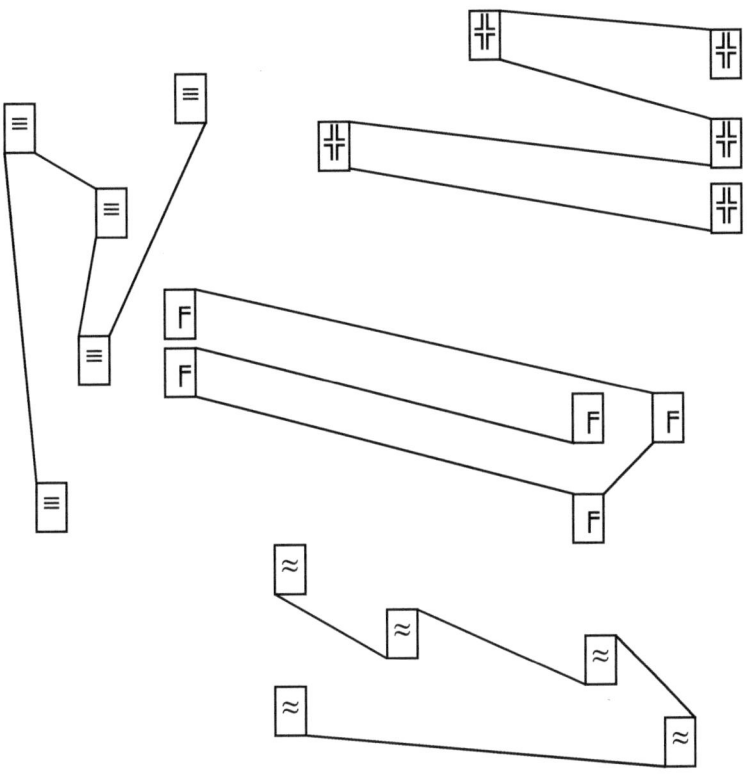

1. Es geht um Inschriften mit einem festen Platz.
2. Suchen Sie sich eine Tabelle aus dem Bereich...
3. ...Chemie.
4. Periodensystem der Elemente
5. Jedes Element hat seinen festen Platz.
Prüfung: Das richtige Symbol ist 1x vorhanden.

Die Lösung ist auf Seite 93 ganz oben.

## Code 9

Die Ziffern 3,31,79,11,29 sind ganz bestimmte Zahlen.
Welche Zahlen gehören noch dazu?

**5, 21, 37, 41, 69, 81** ♀

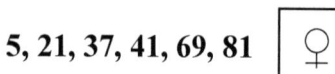

**11, 21, 28, 41, 43, 47** ♂

**1, 2, 11, 41, 59, 91** 

**2, 47, 61, 23, 41** 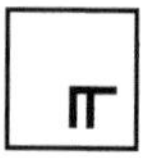

| |
|---|
| 1. Es sind keine Vielfachen. |
| 2. Zahlen mit bestimmten Eigenschaften. |
| 3. Die Basis von allen Zahlen. |
| 4. Teilbar durch 1 und sich selbst. |
| 5. Die 1 ist keine Primzahl. |
| Prüfung: Das richtige Symbol ist 3x vorhanden. |
| Die Lösung ist auf Seite 93 im oberen Drittel. |

# Code 10

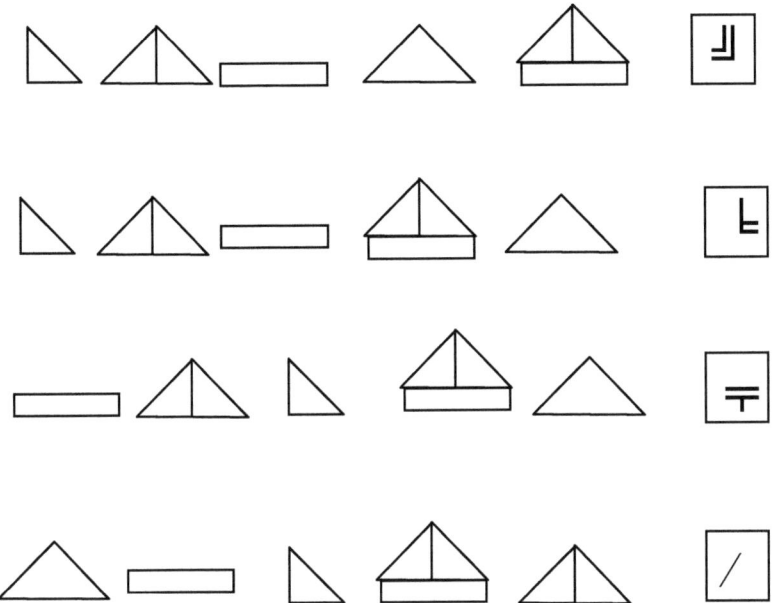

1. Die Lösung ist leichter als Sie denken.
2. Jede Säule hat eine Figur…
3. …und eine feste Position.
4. Erkennen Sie die richtige Reihenfolge.
Prüfung: Das richtige Symbol ist 2x vorhanden.

Die Lösung ist auf Seite 93 im mittleren Bereich.

## Der Code

Sie können sich nun die Schablone erstellen und die richtigen Worte für die finale Frage dieses Buches finden. Die Worte stehen in der richtigen Reihenfolge und die Buchstaben müssen noch geordnet werden.

_____

_____

_____

_____

_____

_____

_____

_____

_____

_____

_____

1. Das „T" dient der Orientierung zum Anlegen.
2. Die Lösung besteht aus 2 Sätzen.
3. Versuchen Sie zuerst die kurzen Worte zu lösen.
4. Geometrie und Astronomie.

Lösung ist auf Seite 94.

## Lösungsbereich

### Rätsel 1

Nehmen Sie sich den Inhalt des Textes an. Für die Lösung dieser Aufgaben ist er jedoch nicht wichtig. Am Buchanfang nach dem Inhaltsverzeichnis ist der Text in klein abgebildet. Das seltsame Format dient dem Wiedererkennungswert. Zeichnen Sie die Linien 1:1 in das Rätsel ein. Ein Winkelmesser und ein Lineal sind hilfreich. Sie können die Figur auch ausschneiden. Es bietet sich an die Figur so auszuschneiden, dass der Verlauf der Linie betrachtet werden kann. Der erste Strich hat bei dem Text und dem Hinweis die gleiche Größe. Führen Sie ihn einfach weiter. Die Linie verläuft auf bestimmten Buchstaben in Ecken. Diese Buchstaben gehören zur Lösung. Es handelt sich, zur Erleichterung, immer um die Anfangsbuchstaben des entsprechenden Wortes. Es sind die Buchstaben des Namens „Spica".

ollten Sie beim ersten Lösungsversuch eines Rätsels weise verzichten. Es ist besser zuerst einmal andere ösen. Auf diese Weise lernen Sie den Charakter und die Vielfalt der Aufgaben kennen. Sie verbessern so die Fähigkeit des „um-die-Ecke-Denkens". Außerdem werden die verteilten Hinweise im Buch immer nur für ein Rätsel verwendet. So können Sie später einige Hinweise ausschließen und am Ende die restlichen Lösungsansätze tiefer betrachten und zuordnen.

Beachten Sie, dass bei zeichnerischen Lösungen nicht immer nur die umrahmten Buchstaben oder Zahlen die Lösung sein müssen. Orientiert an dem Motto: „Das Kreuz markiert die Lösung" können die richtigen Zeichen auch auf einer Ecke, einem Punkt oder einer Kreuzung liegen. Legen Sie sich niemals fest und denken Sie in alle Richtungen.

Im zweiten Teil muss eine römische Zahl gefunden werden. Verbinden Sie hierzu die paarweise genannten Städte mit einer Linie auf einer Karte. So zeichnen Sie die römische Zahl XLIII. Außerdem deutet der Text auf benachbarte Säulen hin. Spica und XLIII liegen somit auf zwei direkt benachbarten Säulen.

## Rätsel 2

Richtig angeordnet ergeben die Buchstaben das Wort „Nachbarn". Das ist sogleich der erste Hinweis des Rätsels. Schreiben Sie das Wort links oben auf die vorgesehenen Felder. Dadurch sind immer 2 Buchstaben paarweise angeordnet. Diese müssen Sie mit einer Linie verbinden. Der Hinweis rechts oben deutet an, dass Linien nachgezeichnet werden müssen. Mit dem Hinweis schließen Sie aus, dass Sie das falsche „A" mit dem falschen „N" verbinden. Richtig ausgefüllt erhalten Sie folgende Grafik.

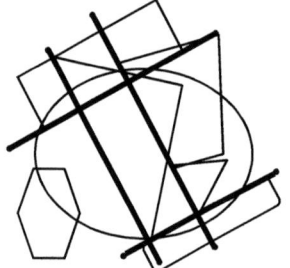

Die Lösung ist ein Rechteck. Außerdem wissen Sie aus dieser Aufgabe, dass beide Inschriften auf direkten Nachbarsäulen vorhanden sind.

Im zweiten Teil lösen Sie ein Zahlenrätsel. Das Beispiel zeigt die Regel. Die grauen Felder dienen der Lösungsfindung. Bilden Sie die Summe daraus.

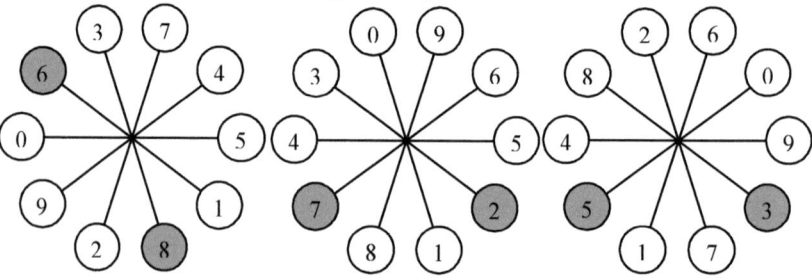

Sie errechnen 31. Die Säulen mit den Inschriften 31 und Rechteck sind direkte Nachbarn.

## Rätsel 3

Dieses Rätsel beschreibt ein Gleichungssystem mit folgenden Aufgaben:
3A=6B, (A+B-1)/2=C, B+1=C-1
Lösen Sie das Gleichungssystem und setzen Sie die 3 Zahlen in die Aufgabe ein, welche die Lösungszahl ergibt. (7+5+10)/2=11.
Zudem vermerken Sie sich den Hinweis auf die Nachbarsäule.

Im zweiten Teil müssen Sie unter Verwendung der 4 Grundrechenarten die Aufgabe lösen. Sie lautet 36/3-3=9. Im nächsten Schritt verbinden Sie die gegenüberliegenden verwendeten Rechenzeichen wie folgt:

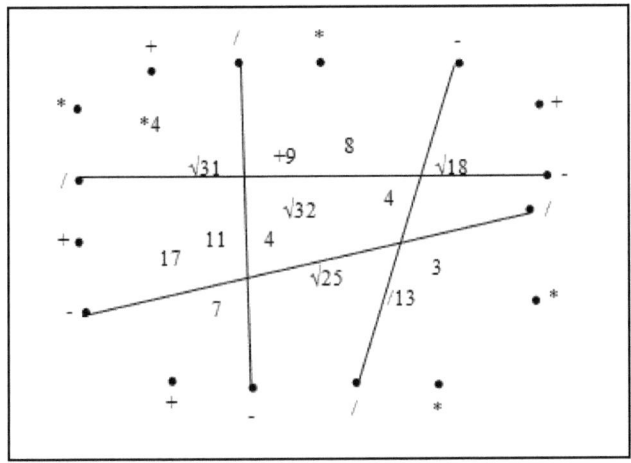

Umrahmt sind nun die Zahlen 4, 4 und √32. Das sind die Seitenlängen eines rechtwinkligen und gleichschenkligen Dreieckes. Nach dem Konstruktionssatz Seite-Seite-Seite (SSS) ist mit den Angaben ein eindeutiges Dreieck konstruierbar. Somit liegt die Säule mit diesem Dreieck direkt neben der Säule mit der Ziffer 11.

## Rätsel 4

In der Überschrift sind zwei Zeichen zu sehen. „=" steht für dieselbe Säule. Beide Inschriften befinden sich also auf einer Säule. +4 steht für die Addition des Summanden 4. Verbinden Sie nun alle Zahlen mit einer Differenz von 4.

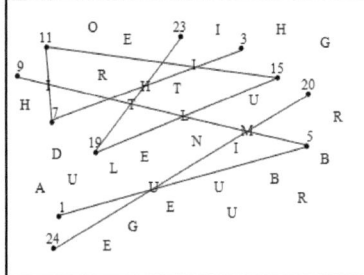

An den Kreuzungen stehen die Buchstaben des Elements Lithium.

Beachten Sie den Hinweis im Text des zweiten Teils. Worte welche wenig in Gebrauch sind, sind schwer zu erkennen wenn die Buchstaben nicht sortiert dargestellt werden. Es hilft Ihnen das Wort in einem anderen Rätsel zu entdecken und so später zu entschlüsseln.
Der Text weist verschiedene Zeilenabstände auf. Außerdem ist der Hinweis auf römische Zahlen zu lesen. Es liegt nahe, dass die Abstände für Zahlen stehen. Der kleinste Abstand für I. 2 Zeilen für V. 3 Zeilen stehen für X und 4 Zeilen für L. Die Lösung lautet XLIII. Lithium und XLIII stehen somit auf derselben Säule.

## Rätsel 5

Neben wichtigen Informationen und Hinweisen zur Handhabung der Rätsel weist der Text drei markante Fehler auf. In den Zeilen 2, 16 und 17 sind drei Buchstaben groß geschrieben. Sie liegen in der Form eines rechtwinkligen Dreieckes. Außerdem entspricht die Beschriftungsreihenfolge der Norm für Dreiecke. Zusätzlich erfahren Sie im Text, dass diese Figur zur linken Nachbarsäule gehört.

Im zweiten Teil müssen zuerst die Zahlenfolgen ergänzt werden.
Zeile 1: fortlaufende Zahlen ab 2 zweimal addieren und dann 1x subtrahieren
Zeile 2: Primzahlen fortlaufen
Zeile 3: Sie rechnen wiederholend: *(-2), +3, -1
Es ergeben sich folgende Lösungen:

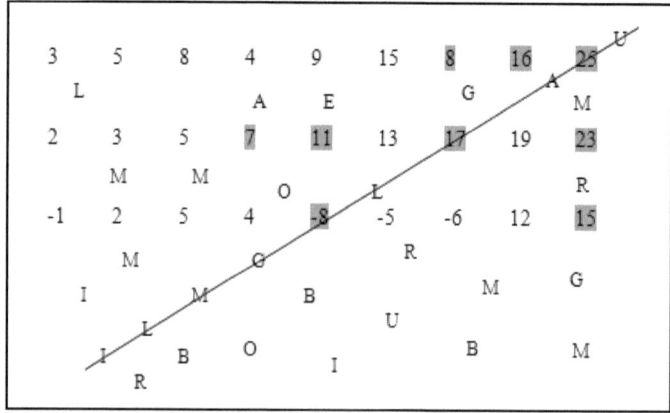

Auf der dritten Seite (Schmutztitelseite) ist der entscheidende Hinweis. Die Zahlen -8, 17 und 25 sind mit einer geraden Linie verbunden. Dass Sie diesen Hinweis erkennen ist schwierig. Daher der Hinweis aus dem ersten Teil:

„Zuerst die anderen Rätsel lösen und die übrigen Hinweise betrachten.". Auf der Linie liegen die Buchstaben von Gallium. Dass ein Element gesucht ist haben Sie im Text erfahren. Somit liegt die Säule mit dem Dreieck direkt links neben der Säule mit dem Element Gallium.

## Rätsel 6

Auf dem Cover sind die schwarzen Punkte in genau dieser Position abgebildet. Der Bezug zum Rätsel ist somit erkennbar. Außerdem ist ein dicker Pfeil zu sehen. Dieser muss in das Rätsel übertragen werden. Folgen Sie dem Pfeil und dann der Richtung der kleinen Pfeile. Sie erreichen das Element Gallium.

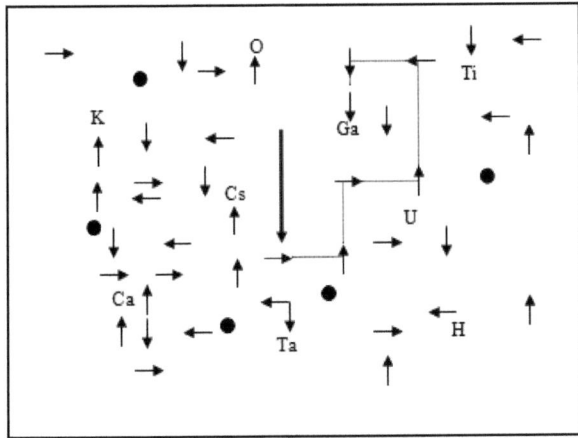

Im zweiten Teil müssen Sie sich an einer analogen Uhr orientieren. 41,7% steht für die Zahl 5 bei 12 Stunden. Von dem bekannten Element Gallium ziehen Sie eine Linie in Richtung 5 Uhr. Sie gelangen genau auf das Lösungsfeld. Das „L" verweist klar auf die Richtung. Gallium steht auf der linksseitigen Säule. Auf der rechten der Säulen steht der Name Alphard.

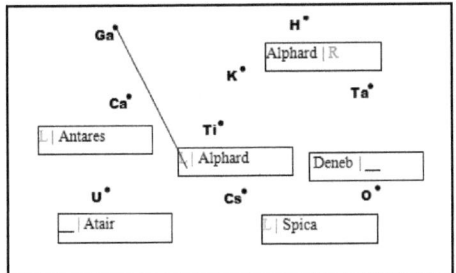

Zuerst müssen Sie die Symbole finden, welche an der Bruchkante zusammengesetzt werden können. Verbinden Sie diese mit 2 Linien. Das entstandene Kreuz ist auf Seite 56 abgebildet. Zusätzlich sehen Sie in der Abbildung einen Kreis. Diesen übertragen Sie in diese Aufgabe. Im Kreis liegen die Lösungszahlen. Die Summe daraus ergibt die Lösung 29.

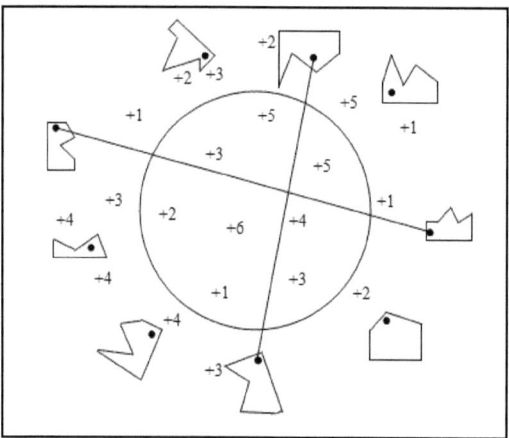

Der zweite Teil stellt die Nachbarsäule, wie die Überschrift zeigt, dar. Sie sehen neben geometrischen Figuren auch Symbole. Diese stehen für Eier (Ei), Bern (Grundriss der Schweiz mit der Markierung), Zwei (die Ziffer) und die Teile vom Sternzeichen Krebs (das Wort verweist darauf). Jede Figur hat Wortteile an manchen Ecken. Setzen Sie die richtigen Figuren derart zusammen, dass die Worte und das Tierkreiszeichen eine Einheit sind.

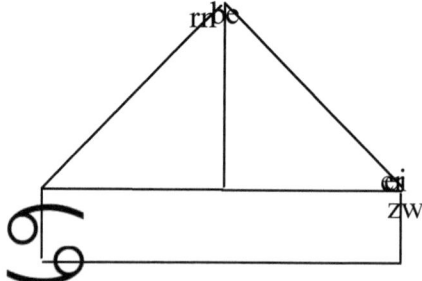

Die Zahl 29 und diese Figur stehen auf zwei direkt benachbarten Säulen.

## Rätsel 8

Jede Säule zeigt ein Symbol. Diese Symbole sind unter den Säulen nochmals abgebildet. Zählen Sie die Menge der Symbole jeder Säule und tragen Sie dieses Ergebnis von unten beginnend ab. Die Zahlen von links nach rechts lauten: 2, 5, 2, 3, 1, 4, 3. Markieren Sie die Buchstaben und Sie erhalten das Wort „Nachbar". Jetzt kennen Sie den Bezug der Zeichen. Mittig sind die Zeichen wie ein Pfeil angeordnet. Dieser deutet nach unten. Beachten Sie die Seitenzahl und Sie sehen, dass diese nicht passt. Statt der Seite ist die Lösungszahl 79 abgebildet. Das ist die Inschrift einer Säule.

Im zweiten Teil sind Himmelsrichtungen abgebildet. Jede Himmelsrichtung deutet auf eine römische Zahl. Die Länge jeder Linie aus dem Mittelpunkt beschreibt die Position des jeweiligen Buchstaben. Der Buchstabe mit der längeren Linie steht immer links vom Buchstaben mit der kürzeren Linie. Die Regel ist daran zu erkennen, dass die Buchstaben C mit den längsten Linien belegt sind. SW (C und 1. Position), OSO (C und 2. Position), NW (L und 3. Position), ONO (X und 4. Position), NNO (I und 5. Position), SSW (I und 6. Position). Die Lösung lautet: CCLXII. 79 und CCLXII stehen auf direkt benachbarten Säulen.

## Rätsel 9

Beginnen Sie mit dem ersten Teil des Rätsels. Dieser ist nach dem zweiten Teil abgebildet, was der Überschrift zu entnehmen ist. Links erkennen Sie das Sternbild des Orion. Im Hintergrund (grau) sehen Sie einen Stern und einen Rahmen wie auf einem Bild. Das ist ein Hinweis auf die Kategorie Sternbild. Rechts sehen Sie das Symbol des Planeten Jupiter.

Mit diesen beiden Begriffen gehen Sie zum zweiten Teil über.

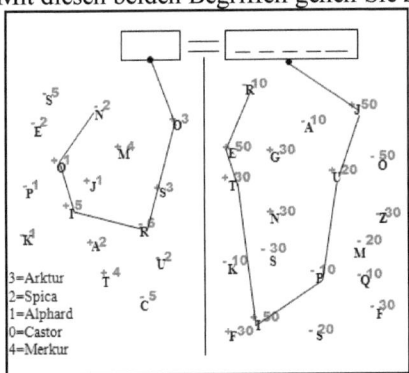

Im rechten Buchstabenfeld finden Sie das Wort Jupiter. Im linken Feld finden Sie das Wort Orion. Die Kreispfeile in der Überschrift deuten die Leserichtung an. Verbinden Sie die Buchstaben wie auf der Abbildung links.

Addieren Sie jeweils die zugehörigen Zahlen der Buchstaben. Im linken Feld errechnen Sie 1. Dieser Zahl ist der Name Alphard zugeordnet. Im rechten Feld errechnen Sie 180. Da 5 Felder für die Lösung vorgeschrieben sind muss die Zahl anders, als römische Zahl, dargestellt werden. Alphard und CLXXX liegen auf derselben Säule. Das „=" zwischen den beiden Lösungsfeldern zeigt dieses Verhältnis.

## Rätsel 10

Zuerst lösen Sie das Sudoku wie folgt auf:

| 3 | 6 | 2 | 4 | 8 | 5 | 9 | 7 | 1 |
|---|---|---|---|---|---|---|---|---|
| 8 | 7 | 5 | 2 | 9 | 1 | 3 | 4 | 6 |
| 9 | 4 | 1 | 7 | 3 | 6 | 5 | 2 | 8 |
| 7 | 9 | 8 | 3 | 6 | 4 | 2 | 1 | 5 |
| 4 | 2 | 6 | 1 | 5 | 9 | 8 | 3 | 7 |
| 5 | 1 | 3 | 8 | 2 | 7 | 4 | 6 | 9 |
| 6 | 3 | 4 | 9 | 1 | 8 | 7 | 5 | 2 |
| 1 | 8 | 7 | 5 | 4 | 2 | 6 | 9 | 3 |
| 2 | 5 | 9 | 6 | 7 | 3 | 1 | 8 | 4 |

6 Felder haben ungeordnete Buchstaben. In der richtigen Reihenfolge lautet das Wort: „Einsen". Suchen Sie alle Symbole der Felder mit einer 1.
Sie erhalten folgende Zeichen:

Das V lässt römische Zahlen vermuten. Aus den Diagonalen kann der Buchstabe X gebildet werden. Die senkrechten Striche zeigen bereits die römische I. Die einzig mögliche römische Zahl und die Lösung ist:

Das Zahlenfeld zeigt das Wort „Kreis" zweimal. Es bildet ein „+" in der fünften Zeile und der fünften Spalte. Addieren Sie alle Zahlen auf dem Kreissymbol des Sudoku. Sie errechnen 29.
Einen Hinweis zur Lage der Symbole gibt es nicht. Sie wissen nur von der Zahl 29 und der römischen Ziffern XXXVII.

Finden Sie alle 10 Worte und markieren Sie die Felder auffällig wie folgt:

| D | F | G | H | N | M | K | L | O | F | V | B | G | C | D | E | W | R | T | H |
|---|---|---|---|---|---|---|---|---|---|---|---|---|---|---|---|---|---|---|---|
| A | E | W | E | R | F | V | F | E | F | E | L | D | E | R | H | O | C | G | C |
| A | M | S | E | S | E | G | E | L | I | M | L | M | M | E | L | L | O | C | F |
| Q | A | G | Z | A | L | K | E | I | M | E | A | R | T | R | O | M | M | E | L |
| A | W | H | G | N | E | S | E | E | F | D | U | E | L | E | I | D | A | U | L |
| Y | A | U | U | O | G | D | D | P | F | L | T | I | ■ | ■ | K | L | V | Z | U |
| U | J | I | L | Z | O | R | A | B | R | O | S | M | L | O | R | O | F | I | O |
| A | H | L | F | A | V | G | I | M | A | D | T | E | ■ | ■ | E | C | U | S | E |
| R | N | O | U | M | U | O | N | K | U | D | A | N | ■ | G | I | K | A | S | Q |
| K | B | P | Z | A | R | L | U | I | I | C | R | G | ■ | ■ | S | E | R | S | Y |
| J | V | E | H | N | U | A | S | G | D | V | K | E | M | T | F | R | D | X | C |
| U | T | R | N | D | E | M | N | N | B | W | I | D | U | O | R | N | M | V | X |
| L | H | Ö | V | E | K | P | E | B | V | T | A | I | S | R | E | J | U | T | V |
| I | A | Ä | X | R | R | H | V | P | C | R | G | C | S | M | F | Ä | A | M | K |
| H | L | D | C | A | A | G | R | Y | Y | O | V | H | H | A | E | A | R | K | L |
| F | E | C | Y | M | M | B | U | C | C | W | C | T | T | E | L | Q | D | I | I |
| D | S | T | I | E | R | F | K | D | R | E | S | W | A | C | V | B | E | R | L |
| C | W | A | L | D | B | O | D | E | N | A | N | T | A | R | K | T | I | K | A |
| V | W | E | I | N | W | E | I | N | W | E | I | N | J | A | M | M | I | J | U |
| B | Z | K | I | L | P | D | S | W | E | R | P | U | N | K | T | E | P | I | E |
| N | X | D | E | W | F | G | H | J | Y | S | D | L | O | I | K | N | B | F | D |

1. Augapfel, 2. Kreis, 3. lautstark, 4. Punkte, 5. Stier, 6. Thales, 7. Amazonas, 8. Antarktika, 9. Pi, 10. Kurven .

Sie lesen Na (Natrium), LI und das Zeichen „=". Das Element und die römische Zahl sind somit auf derselben Säule. Die schwarzen Punkte bei „a" dienen der anfänglichen Orientierung um die Art der Lösung zu erkennen.

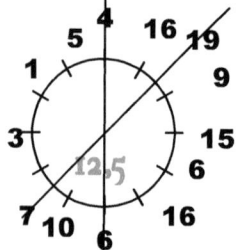

Sie sehen das Bild einer Analoguhr. 12,5% steht für die vergangene Zeit. 12,5% von 12 sind 1,5. Also 1:30 Uhr. Zeichnen Sie die Zeiger ein und verlängern Sie die Striche in beide Richtungen wie auf der Abbildung. Sie erhalten So die beiden Zahlenpaare: 4|6 und 7|19.

In der Überschrift sind die 1 und die 2 mit einem Leerzeichen getrennt. Daraus ist zu schließen, dass die Ziffern einzeln betrachtet werden müssen.
Die Seitenzahl ist ebenfalls mit einem Komma getrennt. Auch hier ist ein Zahlenpaar abgebildet. Nehmen Sie die Buchstaben der Zahlenpaare 2|7, 1|2, 4|6 und 7|19. Sie ergeben das Element „Gold".

Der zweite Teil bildet ein bekanntes Sternbild ab. Der Stern um den Punkt deutet zum einen auf den Bereich „Sterne" und markiert sogleich den Namen der Lösung. Sie sehen das Sternbild „Zwilling". Markiert ist der Stern Castor.
Auf Seite 1 können Sie im Text lesen, dass die Elemente von Rätsel 12 auf benachbarten Säulen liegen.

Alle Aussagen schließen sich aus. Würden alle falsch sein, dann wäre Aussage 9 richtig. Es können nicht alle falsch sein wenn eine Aussage beinhaltet, dass alle falsch sind. Die Lösung ist Aussage 9 und das Element Gallium.

Für den zweiten Teil müssen Sie das Buch und das Cover untersuchen. Unter jeder Sammlung von Figuren ist eine Anzahl der Figuren gegeben, welche für die Lösung relevant sind. Wichtig sind die Rechtecke für die Figuren. Auf dem Cover sowie auf den ersten Seiten sind die Rechtecke mit den Symbolen und einem Pfeil abgebildet. 3x◻ ist auf der Titelseite. 2x ◻finden Sie versteckt in der Mitte von Seite 4. Teilweise ist das Rechteck von der Tabelle eingeschlossen. 5x ◯ und 6x ✪ sind auf dem Cover abgebildet. Einmal leer finden Sie nach der Titelseite. Übertragen Sie die Rechtecke exakt mit den zugehörigen Pfeilen. Sie erhalten dann folgende Lösung:

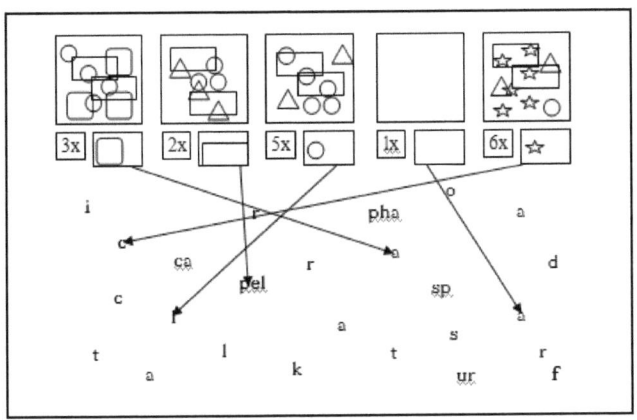

Die Pfeile zeigen auf c, l, pel, a und a. In der richtigen Reihenfolge heißt das „Capella". Die Überschrift verweist auf Nachbarn. Capella und Gallium befinden sich also auf zwei direkt benachbarten Säulen.

## Rätsel 14

Zuerst sehen Sie das Symbol für direkte Nachbarn. Der mittlere Bereich der beiden Felder ist der Lösungsbereich. Die Lage und Form der beiden Figuren in diesem Lösungsbereich lässt auf Spiegelbilder schließen. Die dunkle Linie ist dabei die Spiegellinie des oberen und unteren Bereiches. Die Form der Symbole ist unwichtig. Relevant sind die belegten Felder.

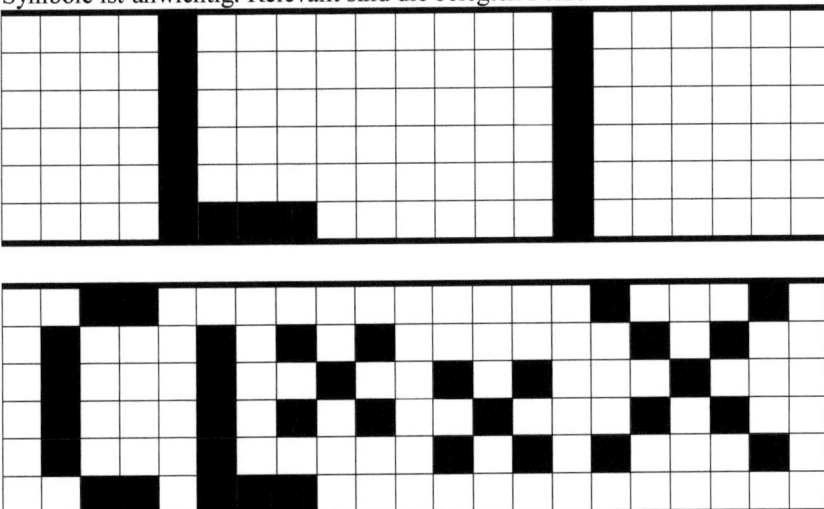

Die römischen Zahlen LI und CLXXX stehen auf zwei direkt benachbarten Säulen.

Lösen Sie das Zahlenlogical auf. Aus dem Text ist ersichtlich, dass es sich um 6 Variablen handelt. Nummerieren Sie diese von A bis F durch. Anhand des Textes ergeben sich folgende Formeln: 1.:C-B=E    2.:2F+6=D    3.:E+F=18 4.:4A=C    5.:3B=F    6.:2C=D. Nach dem Lösen des Gleichungssystems erhalten Sie folgende Werte: 3 / 3 / 12 / 24 / 9 / 9. Da eine römische Zahl gesucht ist setzen Sie Buchstaben für die Zahlen ein. Die Lösung ist: CCLXII. Das Symbol verweist auf dieselbe Säule für beide Elemente.

Im zweiten Teil markieren Sie die beschriebenen Positionen der Linie. Ziehen Sie eine senkrechte Markierungslinie. Wenn Sie alles richtig gemacht haben erhalten Sie folgendes Ergebnis.

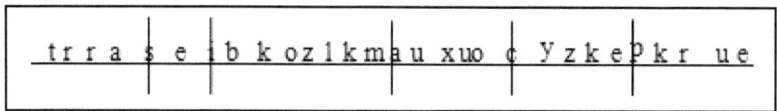

In der richtigen Reihenfolge lautet das Ergebnis Spica. Spica und die römische Zahl CCLXII befinden sich auf derselben Säule.

Im ersten Teil müssen Sie zusammengehörige Objekte verbinden. Auf diese
Weise zeichnen Sie eine römische Zahl. Verteilen Sie die 10 Linien wie folgt:

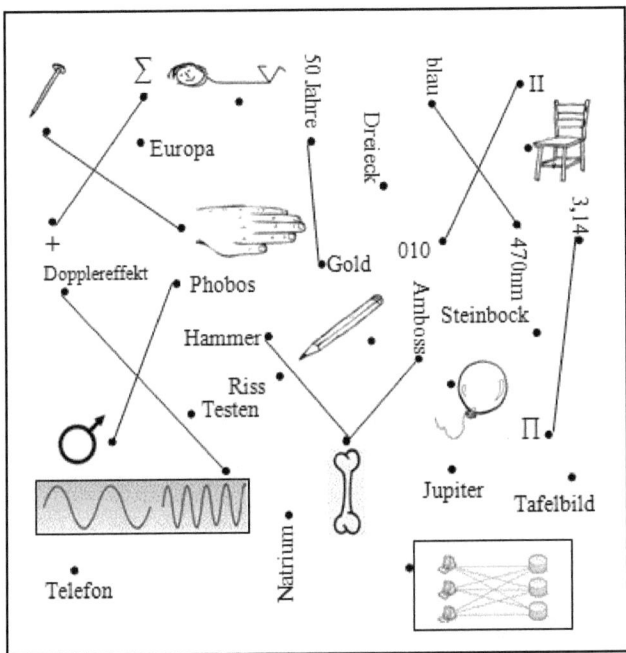

Von links oben beginnend: Hand-Nagel (Fingernagel), „+"-„$\sum$" (Summen-
zeichen), 50 Jahre-Goldhochzeit, blau-470nm (Wellenspektrum), 010-II (2 als
Binärcode und römische Zahl), Dopplereffekt-Wellenlänge (Physik), Phobos-
Mars (Symbol des Mars), Knochen-Hammer und Amboss (Knochen im Ohr),
Pi-3,14 (Geometrie). Die römische Zahl mit den Bausteinen lautet: XXXVII.
Im zweiten Teil lösen Sie das Logical wie folgt auf:

|  | Haus (1) | Haus 2 (0) | Haus3 (1) | Haus 4 (1) |
|---|---|---|---|---|
| Farbe | braun | weiß | orange | grün |
| Name | Tom | Mark | Maria | Steffen |
| Auto | VW | Audi | Opel | Fiat |
| Haustier | Hund | Fische | Katze | Maus |

Sie lesen den Binärcode: 1011 für die Lösung 11. Die Lösung als römische
Zahl ist später auszuschließen, da diese Zahl kein zweites Mal als römische
Zahl in einer Lösung vorkommt. Zu Beginn lesen Sie den Hinweis auf die
Nachbarsäule. Somit stehen die Zahl 11 und die Zahl XXXVII auf zwei direkt
benachbarten Säulen.

Auf dem Cover finden Sie die Symbole der Aufgabe in sortierter Form. Übertragen Sie diese Anordnung und orientieren Sie sich dabei an der Linie.

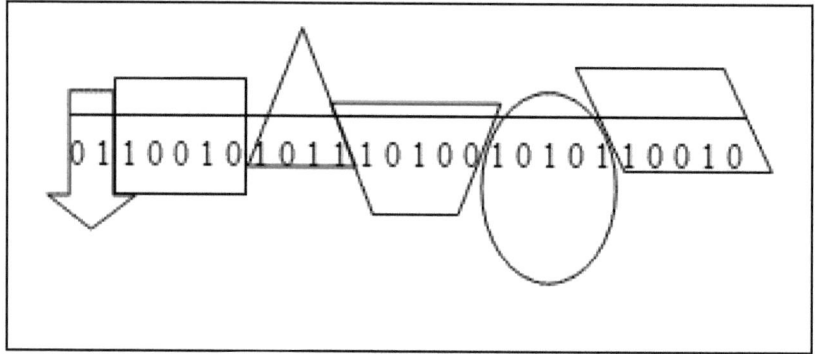

Die Linien in den Figuren müssen auf der gegebenen Linie liegen. In jeder Figur steht nun eine Zahl im Binärcode. Diese Zahl verweist auf Buchstaben. Dass ein Wort gesucht ist kann man aus der Lösungsvorgabe der 6 Felder schließen. Sie lesen 01 für A, 10010 für R, 1011 für K, 10100 für T, 10101 für U und 10010 für R. Die Lösung ist der Name „Arktur".

Im zweiten Teil ist die Form der schwarzen Punkte als Pyramide zu erkennen. Verbinden Sie die Buchstaben des Wortes miteinander.

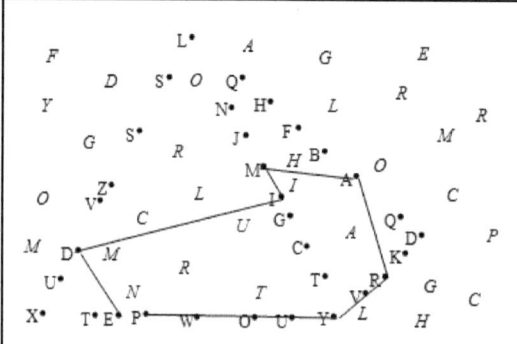

Im Inneren sind die Buchstaben des Wortes Natrium geschrieben. Weiterhin sehen Sie das graue Symbol für Nachbarsäulen. Arktur und Natrium stehen somit auf zwei direkt benachbarten Säulen.

## Rätsel 18
Finden Sie zwei Schlängelwörter.

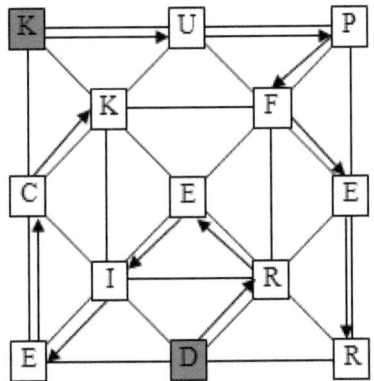

Somit sind die beiden Lösungsworte Kupfer und Dreieck gefunden.
Im zweiten Rätsel muss das Verhältnis zueinander geklärt werden. Die beiden
Hinweise zeigen die Regeln der Zahlenpyramide. Zwei untergeordnete Felder
bilden die Summe oder die Differenz des übergeordneten Feldes.

Die markierten Felder haben alle den gleichen
Wert. Da beide Säulenelemente bereits bekannt
sind kann in dieser Aufgabe nur auf das Zeichen
geschlossen werden. Die gleichen Werte stehen
für „=". Somit sind das Element Kupfer und die
Figur Dreieck auf derselben Säule.

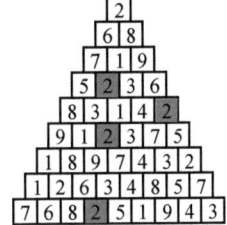

## Rätsel 19
Links oben sehen Sie Koordinaten. 28° südliche Breite und 109° westliche
Länge. Das ist die Lage der Osterinseln mit den bekannten Statuen, den Moai.

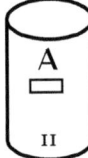
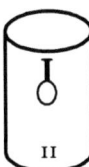

In dieser Reihenfolge platziert lesen Sie den Binärcode: 01001111 für 79. Die Symbole auf den Säulen haben keine Relevanz. Außerdem sehen Sie den Hinweis, dass zwischen den beiden Säulen in diesem Rätsel eine Säule steht.

Im zweiten Teil müssen Sie die Schablone auf das Rätsel übertragen.

dualesdieweinderballkleidertomplanetkeimenstuhlweltverstandk
lippentotalspritmathematikrätsellösengedankenergrößtekleingewin
lebenknallturmgehirnbeinebauchkopffüßeschulelernenweinenaltu
sesselsturmwindtischsegelknitternrodelnspaßschneewinterherbst
blätterstillimschweinstiervogelmond☼systemfriedenastronomie

Sie lesen den Hinweis: „Der größte Sturm im Sonnensystem". Dieser befindet sich auf Jupiter. Verbinden Sie die Buchstaben des Namens Jupiter.

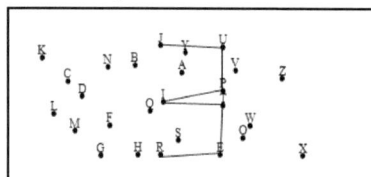

Sie lesen die Zahl 3. Somit sind die Säulen mit den Zahlen 3 und 79 durch eine Säule getrennt.

## Rätsel 20

Ordnen Sie den Symbolen Zahlenwerte zu, sodass die Summe in den Zeilen und Spalten stimmen. Das „+" sowie die Pfeile verweisen auf die Summenbildung. Die Lösung sieht wie folgt aus:

| 3 | 3 | 5 | 1 | 2 | 14 |
|---|---|---|---|---|----|
| 2 | 1 | 5 | 4 | 7 | 19 |
| 7 | 3 | 4 | 7 | 2 | 23 |
| 1 | 2 | 4 | 1 | 1 | 9 |
| 2 | 7 | 1 | 7 | 6 | 23 |
| 15 | 16 | 19 | 20 | 18 | |

Weiterhin ist die Ziffer 6 links unten im Rätsel abgebildet. Für die Ziffer 6 wird das rechtwinklige Dreieck verwendet. Das ist sogleich die gesuchte Figur.

Im zweiten Teil ist die Aufgabe klar gestellt. Die Lösung lautet:

Somit haben Sie die Lösungsfigur gezeichnet. Im Text ist der Verweis auf direkte Nachbarn. Somit liegen diese beiden Figuren ◁△ auf zwei direkt benachbarten Säulen.

Rätsel 21

Finden Sie 12 Buchstaben anhand der Darstellungen.

1.: XII(12) | VIII(8) für C
2.: Innenwinkel 15° | 31° für U
3.: 19 | 7 für A
4.: Kreise als Binärcode (Kreis=1 und Ellipse=0) 17 | 13 für K
5.: Zahlenfolge +3, -2, x2 für 5 | 22 für P
6.: Schnittstellen der geometrischen Figuren bilden die Zahlen ab 1 | 7 für R
7.: OK steht für 15 | 11 für E
8.: § und ! sind auf einer Tastatur über den Zahlen 3 | 1 für R
9.: im Dechiffriercode des Buches auf Seite 59 die Zahlen 9 | 41 für F
10.: Seite 3 im Text die Zahlen 1 | 0 für O
11.: Seite 4 die Zahlen der grauen Felder 16 | 8 für S und 2 | 4 für T. Wie die Zahlenpaare in dem Rätsel sind auch diese Paare grau unterlegt und so erkennbar. Die Buchstaben ergeben die Worte Kupfer und Castor. Der Strich zwischen den Wortvordrucken verweist auf benachbarte Säulen.

|    | 3 | 30 | 12 | 39 | 13 | 6 | 16 | 18 | 0 | 41 | 7 | 11 | 22 | 45 | 31 | 2 | 50 | 20 |
|----|---|----|----|----|----|---|----|----|---|----|---|----|----|----|----|---|----|----|
| 60 | G | N | M | L | O | P | K | H | X | Y | A | S | D | V | U | Z | T | R |
| 9 | A | C | X | B | U | I | O | M | V | F | A | Q | W | C | B | J | U | J |
| 49 | E | R | G | H | N | M | K | I | O | G | D | S | E | W | T | G | X | Y |
| 21 | Y | X | D | U | I | O | P | E | C | X | G | F | S | W | E | R | T | T |
| 10 | X | V | H | U | I | L | O | K | F | S | S | A | Q | Y | V | B | N | H |
| 8 | F | E | C | T | U | Z | S | A | Q | W | X | C | N | K | I | I | D | E |
| 15 | A | Y | V | N | H | J | K | L | Q | A | Z | E | X | V | U | M | Z | U |
| 24 | Y | C | V | G | F | S | A | E | T | U | I | M | B | J | U | I | E | W |
| 19 | Y | E | E | T | U | I | J | G | D | A | A | Q | W | E | X | C | V | B |
| 33 | Y | C | B | V | N | H | J | U | E | R | W | A | S | D | E | W | N | U |
| 1 | R | X | V | U | R | E | I | P | O | B | R | Y | C | V | R | W | T | U |
| 42 | X | R | E | W | U | I | O | P | L | J | H | X | C | Y | E | W | A | Y |
| 4 | V | N | H | U | J | K | I | L | X | S | A | Q | W | E | B | T | V | C |
| 23 | X | A | S | Y | H | Z | U | I | J | K | L | O | F | D | E | M | J | H |
| 37 | A | Q | Y | X | C | G | F | U | Z | H | C | V | E | R | T | N | B | M |
| 17 | S | Y | X | E | K | C | B | G | Z | U | I | N | I | M | D | I | E | F |
| 43 | X | Q | R | E | D | V | N | M | U | I | J | K | L | O | A | Y | A | S |
| 5 | X | C | V | F | E | R | T | G | N | J | U | Z | P | Y | A | S | W | E |

## Rätsel 22

Diese Abbildung stammt von Leonardo Da Vinci und heißt „der vitruvianische Mensch". Sie besagt, dass die Armspannweite der Körpergröße entspricht. Somit ist in das graue Feld ein „=" zu setzen, was auch Teil der Lösung ist. Einen Teil der restlichen Lösung sehen Sie bereits. Er zeigt auch die Art des Vorgehens an. Es ist das Rechteck. Worte müssen als Schlängelwörter (wie bei einem anderen Rätsel) geschrieben werden. Das zweite Wort ist „vitruvianischer Mensch". Die Lage entnehmen Sie bitte folgender Grafik:

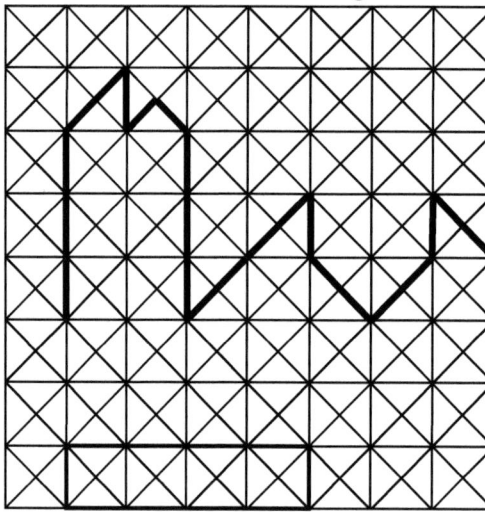

Sie wissen, dass ein Element gesucht ist. Diese abstrakte Zeichnung steht für Au, was Gold entspricht. Leicht ist das nicht zu erkennen. Wenn Sie jedoch dem Hinweis folgen und erst die anderen Rätsel lösen um die Elemente zu kennen, dann kann Au durchaus geschlussfolgert werden.

Gold und das Rechteck befinden sich somit auf derselben Säule.

## Rätsel 23

Lösen Sie das Kreuzzahlenrätsel wie folgt auf:

| 3 | 2 | 3 | 2 |
|---|---|---|---|
| 5 | 4 | 3 | 2 |
| 1 | 2 | 3 | 4 |
| 3 | 4 | 3 | 4 |

Zum Lösungsbereich gehören alle Zahlen von 1 bis 5. Entsprechend den Rechenzeichen in den Feldern rechnen Sie: 2+4-1-2=3. 3 Ist die Lösungszahl des ersten Teils.

Die Überschrift des zweiten Teils zeigt das „=". Beide Abbildungen befinden sich also auf derselben Säule.

Lösen Sie zunächst das Zahlenlogical auf. Tragen Sie die Zahlenfolge in die vorgesehenen Felder ein. Der gepunktete Pfeil deutet eine Veränderung der Zahlen in das Wort „Pfeile" an. Um das zu erreichen setzt man zunächst Buchstaben für die Zahlen. Im Anschluss addiert oder subtrahiert man die entsprechenden Werte und erhält somit die Buchstaben des Wortes. Hierfür finden Sie auf den ersten Seiten 5 eckige Pfeile mit Rechenschritten. Zum

Beispiel: aus 3 wird P(16) wenn Sie 13 addieren. Legen Sie den Pfeil mit „+13" entsprechend an. 6 und F bleiben aus, da F bereits der sechste Buchstabe ist. Nach dem Anlegen erhalten Sie folgende Lösung:

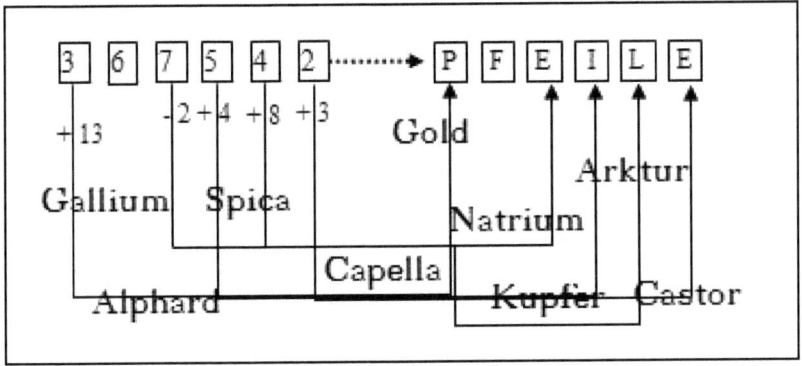

Der Name Capella ist auffällig eingerahmt und somit auch die Lösung. Die Ziffer 3 und der Name Capella stehen auf derselben Säule. Die Verwendung der Pfeile ist nicht leicht zu erkennen. Wenn Sie jedoch erst die anderen Rätsel gelöst haben und die Pfeile als Hinweis noch nicht eingesetzt wurden, dann liegt die Verwendung nahe.

## Rätsel 24

Es gibt im ersten Teil keine Hinweise für das Element. Dass diese Aufgabe jedoch für sich allein lösbar ist erkennen Sie an der Strukturierung des Rätsels in den ersten und zweiten Teil. Da Sie nur die Punkte kennen sollten Sie im Buch aufmerksam suchen. Die Lösungspunkte in Rätsel 4 zeigen genau die gleiche Anordnung. Da es sich um ein Element handelt und sonstige Hinweise fehlen muss die Lösung Lithium sein. Denn das war das Element aus Rätsel 4. Im zweiten Teil lösen Sie das Zahlenrätsel wie folgt auf:

Die Rechenzeichen der Felder führen zu der Aufgabe: 2+3+5+5+1+2+6+1+6=31. Die Überschrift verweist auf die rechte Nachbarsäule. Somit steht Lithium auf der linken Nachbarsäule von der Säule mit der Ziffer 31.

Zuerst erhalten Sie Hinweise bei welchen Rätseln Sie mit der Verteilung beginnen sollten.

Tipp 1: Zahlen und Begriffe auf den Säulen hängen zusammen.
Tipp 2: Beachten Sie Entfernungen und das Periodensystem.
Tipp 3: Eine Figur ist doppelt vorhanden.
Tipp 4: Beginnen Sie mit Rätsel 6.
Tipp 5: Lösen Sie Rätsel 9.
Tipp 6: Danach beachten Sie Rätsel 14.
Tipp 7: Darauf folgt Rätsel 11.

Die folgende Tabelle zeigt die Säulenverteilung an:

| | Säule 1 | Säule 2 | Säule 3 | Säule 4 | Säule 5 |
|---|---|---|---|---|---|
| Name | Capella | Spica | Alphard | Castor | Arktur |
| Entfernung | XLIII | CCLXII | CLXXX | LI | XXXVII |
| Element | Lithium | Gallium | Gold | Natrium | Kupfer |
| Ordnungsz | 3 | 31 | 79 | 11 | 29 |
| Figur | rechtwinkliges Dreieck | gleichschenkliges Dreieck | Rechteck | Dreieck mit Höhe | Dreieck |

Die Form, Lage und Größe mancher Figuren ist nicht konkret angegeben. Die Lösungsdarstellung ist daher nur eine Variante.
Bei den Namen handelt es sich um Namen von Sternen. Die römische Zahl gibt dabei die Entfernung dieser Sterne in Lichtjahren an. Da diese Entfernung schwankend ist handelt es sich um einen Mittelwert.
Die Ordnungszahlen sind die Positionen der Elemente im Periodensystem.

## Code1

In diesem Code sind die Sterne wichtig. Suchen Sie alle 5 Sterne auf einer Sternkarte und notieren Sie die Positionen zueinander. Die folgende Abbildung zeigt die Lösung mit den Sternen:

In der Aufgabe sind die Sterne mit Linien verbunden. So ist das Rätsel etwas übersichtlicher. Die Abbildung links unten ist die korrekte Lösung. Das erste Symbol für den Code ist somit: ┼.

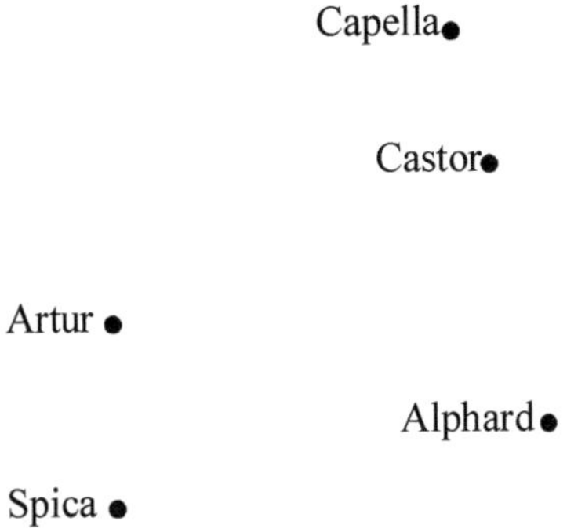

Capella
Castor
Artur
Alphard
Spica


## Code 2

Jede Säule hat eine römische Zahl. Bei 5 der 7 Aufgaben stimmt die Summe nicht. Da sie bei zwei Aufgaben stimmt (dritte und vierte Aufgabe) und nur eine Lösung pro Rätsel möglich ist, kann das nicht das Kriterium sein. Wenn Sie jedoch mit den Ordnungszahlen der entsprechenden Säule rechnen, dann stimmt die erste Aufgabe. CLXXX + XXXVII steht für: 79+29=108. Und 108 steht als römische Zahl geschrieben. Somit ist das Symbol ╔ Teil der Lösung.

## Code 3

Achten Sie auf das Verhältnis der Säulenpositionen mit den entsprechenden Symbolen untereinander. Die mittlere Zeichensammlung ist richtig. Das Dreieck ist auf dem kleinsten Rechteck und original auf der Säule 1 (optional Säule 5, daher müssen Sie beide Säulen in Betracht ziehen). Das Rechteck ist auf der dritten Säule. Dessen rechteckige Umrandung hat in der Aufgabe auch genau den dreifachen Flächeninhalt als die Umrandung des Dreieckes (Säule 3). Das dritte Symbol befindet sich auf Säule 4 und dessen Flächeninhalt ist die Summe der anderen beiden Felder der Figuren (analog: 1+3=4). Somit ist das Symbol dieses Codes: ‖.

## Code 4

Die chemischen Elemente lauten von links an: Lithium, Gallium, Gold, Natrium und Kupfer. Somit ist die Reihenfolge „LIGAAUNACU“ richtig. Von dieser Buchstabensammlung geht ein Strich zum korrekten Symbol: ╖.

Es werden die Ordnungszahlen der Reihe nach als Binärcode dargestellt. Sie müssen die Zahlenreihe nur an den richtigen Stellen trennen und erhalten so die Zahlenwerte. Das richtige Zeichen ist das erste mit folgender Aufteilung:

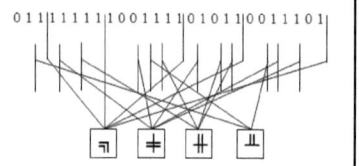 Die Ordnungszahlen 3, 31, 79, 11 und 29 werden von links an abgetragen. Die zweite Linie lässt sich im Rätsel nur vermuten, da Sie von der Linie des Zeichens verdeckt ist. Verlängern Sie die Linie einfach nach oben.

Das Zeichen für den Code ist somit: ⊣.

Sie benötigen zur Lösung die Figur von Säule 2. Es gibt nur ein Symbol, welches diese Zeichnung darstellen kann, wenn die Punkte verbunden werden.

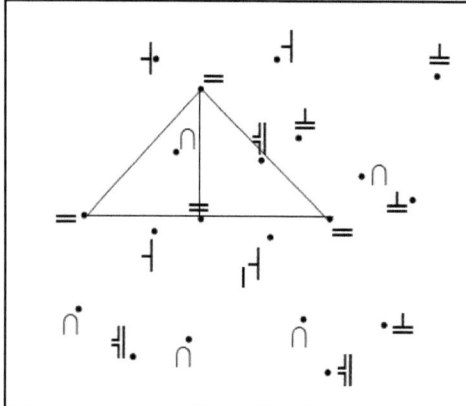 Verbinden Sie die Symbole wie auf der Skizze. Das richtige Symbol für den Code ist: =.

Lösen Sie zuerst das Zahlenlogical. Die Reihenfolge der Ziffern ist: 31, 11, 79, 29, 3. Die andere Variante ist die Reihenfolge von hinten beginnend. Versuchen Sie mit beiden Varianten die Lösung zu finden. Auf den Säulen mit diesen Ziffern befinden sich die römischen Zahlen. Diese stehen nacheinander in der entsprechenden Reihenfolge. Variante 4 ist korrekt und passt zu der genannten Zahlenfolge. Die andere Variante der Zahlenfolge schließt sich aus, da es keine passende Lösung dafür gibt. Das Symbol für den Code ist: ⊣.

## Code 8

Sie benötigen Das Periodensystem der Elemente. Die 5 Rechtecke stehen für die 5 Elemente der Säulen. In der richtigen Abbildung sind die Rechtecke in der gleichen Position zueinander abgebildet. In den Rechtecken ist das richtige Symbol für den Code. Die korrekte Abbildung ist die Abbildung mit dem Symbol: ╒.

## Code 9

Alle Ordnungszahlen sind Primzahlen. Daher ist Zeile 4 richtig und das korrekte Symbol ist: ╓.

## Code 10

Sehr leichte Kost zum Ende. Suchen Sie die Zeile mit der richtigen Reihenfolge der Figuren heraus. Korrekt ist die zweite Zeile mit dem Symbol ╘.

Auf der nächsten Seite befinden sich die Auflösung des Buchstabenfeldes sowie die Lösung der letzten großen Aufgabe.

```
A D F A S L N E I E C I D E R K N I M E I X E L I
Ä U C E K D R E N S Ü F N F A E S U L D N U R
S H E I H G N R I V T E N E S A S A M E H M S
S E N I X L I X H N E Z G J O K L L O Ä S U L T
K G V I M 9 | 4 1 F D I H B M O M I M O A M O S
S N E L L E L A A L L E L A I S O M M E T R I O
E I R V H C Ä R E D F E P D R E I D L B K U M I
Y F N O G I H E C E R M E T S R Ü V V Ü T M A
L S T I E N G A R P N E T I N F U E U E E I K J L
P P D W U M U N Z E H G I N E N C E T O L S O
E I N L E N X V H Z U W E V N B L J E E R D F I
H I E R V M C U I O D E R I C E S H S M M O S
E R J Z X C Y A N A O R T F M U R E I O F F S F
V N D A N R E E C I U T V B H J P Ö Ä U L E S
E F C D A N W B R E A R D Ü L U E Ä N S I J M
I F R T W E Q U K O L Ö Ä D F V Z S Y E U I T
C D S A K I B M U G H B C U Z D M I L O P Ö F
D X G H U F A W X V B N G H K O I U C Y B V
G D F V U I Z O P E L H E C S W G U Z V C N B
M B U M G F U H S Y C R Ü P E P I P E P F P O
T B N E R I L T S D G C B U I O A S C B B N E L
G I U H B M S S S A R T C B U H M I O P Ä E K
V D S D Ü S Ü Ö Q W U E E T T D R V B U I M
K C Ç Y U Z T I V R W K L I O X Ä Ä O L P K I
C X V I S E E D W C B U I H M K I O I L U K V
B M Y C V U J I K F F T O R R K E C U E N N K
D E B C U Ä E S L M O T N E T S R A C U I H J
U V B Z L O Ä O L Ö I H U F G U M U T N U E T
```

Die Aufgabe lautet: „Eine Säule vereint alle geometrischen Zeichnungen der vier anderen Säulen. Auf welches Sternbild deutet diese Säule?"

## Die Antwort !!!Achtung die Lösung!!!

Die Lösung ist bewusst in diesen Text gepackt, damit Sie diese nicht unglücklich vorher lesen. Also sind die ersten zwei Sätze überflüssig. Überlegen Sie bitte genau. Die Antwort ist denkbar einfach. Der Stern Castor gehört zum Sternbild Zwilling. Somit ist das auch die Lösung des Buches. Alle Dreieckformen und das Rechteck sind Teile der Figur von Säule 4.

Fragen und Anregungen zum Buch richten Sie bitte direkt an:
raetselbuch@gmx.de.
Wir hoffen es hat Ihnen Spaß gemacht und wünschen Ihnen weiterhin viel Spaß und Erfolg mit dem Rätseln.